Joseph HONORÉ. F. M. I.

Un Prêtre Vendéen

Le Vénérable Père Baudouin

*Fondateur des Fils de Marie Immaculée
et des Ursulines de Jésus*

LUÇON

Imprimerie S. PACTEAU

—

1926

Le Vénérable Père Baudouin.

Joseph HONORÉ
F. M. I.

Un Prêtre Vendéen

Le Vénérable Père Baudouin

*Fondateur des Fils de Marie Immaculée
et des Ursulines de Jésus*

LUÇON

IMPRIMERIE S. PACTEAU

—

1926

DECLARATION

Si nous donnons quelquefois le titre de Saint au Vénérable Louis-Marie Baudouin ou à d'autres pieux personnages, nous ne prétendons, en aucune façon, prévenir le Jugement du Souverain Pontife, à qui nous soumettons très humblement la doctrine contenue dans ce livre.

J. H.

Cum permissu superiorum

Nihil obstat :

Lucionii, 15 maii 1926

A. CHABOT,

Cens. deleg.

PRIÈRE

Composée par Mgr CATTEAU

Pour obtenir la Béatification du Vénérable Serviteur de Dieu

D IEU tout-puissant et miséricordieux, qui avez suscité le Vénérable Louis-Marie BAUDOUIN pour relever, dans notre région, les ruines de la Révolution, restaurer, par ses familles religieuses, les séminaires et les écoles chrétiennes, et ranimer la foi dans les âmes en leur inspirant la dévotion au Verbe Incarné et à la Vierge Immaculée, daignez, nous vous en supplions, nous accorder les grâces que nous sollicitons par sa pieuse intercession, afin que nous ayons la joie de voir la Sainte Église l'élever bientôt au rang des Bienheureux et nous donner en lui un protecteur et un modèle.

Ainsi soit-il !

Et verbum caro factum est et habitavit in nobis !
Ave Maria purissima sine peccato concepta !
(Invocations familières au Vénérable et recommandées par lui.)

50 jours d'indulg.

CLOVIS Jh. Ev. DE LUÇON.

21 Décembre 1909.

Mes chers Enfants,

Ce petit livre a été écrit pour vous. Il est plein de belles gravures, de titres alléchants et d'histoires aussi jolies qu'édifiantes. Il a donc tout pour vous plaire.

C'est l'histoire d'un saint prêtre vendéen qui reçut l'ordination sacerdotale à la veille de la Révolution de 1789, d'un saint confesseur de la foi, prisonnier, puis exilé pour l'amour de Jésus-Christ, d'un apôtre qui exerça son ministère à deux pas de la guillotine, déguisé en marin ou en ouvrier. Vicaire général de deux diocèses, il fonda des petits et grands séminaires et institua deux Congrégations... Mais si je vous raconte toute la vie du Vénérable Père, vous n'aurez plus de plaisir à la lire.

Lisez-la donc, et vous ne pourrez vous empêcher d'aimer celui qu'on appelait « le bon Père », dont la physionomie est si sympathique et si séduisante, et qui aima tant les petits enfants comme vous !

Et quand vous aurez lu la petite bro-

chure, vous en parlerez à vos parents, vous leur montrerez le portrait du Père et son bon sourire, vous leur raconterez une anec-dote piquante que vous aurez retenue, vous exciterez leur curiosité et ils voudront con-naître à leur tour l'histoire attachante d'un saint de Vendée (1).

On a dit que la vie de Sainte Thérèse de l'Enfant Jésus avait rempli les Carmels. Si cette petite vie donnait à de nombreux en-fants l'idée et le désir de se dévouer au salut des âmes dans le Sacerdoce et la Vie Reli-gieuse, l'auteur en bénirait le bon Dieu.

J. H.

(1) Les personnes désireuses de connaître plus à fond le Vénérable Père Baudouin et son œuvre liront avec profit la Vie du Vénérable, par le R. P. Pierre Michaud, récemment revue par le P. Ailleaume, et la Vie de la Révérende Mère Saint-Benoît, par M. A. Poirier.

CHAPITRE PREMIER

—

Une belle famille Vendéenne

**Naissance. — Education. — Vocation.
Prêtrise.**

La patrie d'un Saint.

Tout au Nord de la Vendée, et juste sur
les confins de l'ancienne Bretagne, s'élève
la petite ville de Montaigu. Le site est pittoresque. Deux rivières : l'Asson et la Maine,
se réunissent au pied d'une colline dont les
rochers, çà et là, se dressent à pic sur leurs
rives. Des aulnes, des peupliers marquent
au loin les bords de la Maine et s'épaissis-
sent au confluent des rivières, de même
que sur les flancs du coteau. Parmi les ar-
bres, on aperçoit les ruines, verdoyantes
elles-mêmes, d'un château féodal. Les maisons de la ville, gracieusement déployées
autour de leur église, apparaissent au delà.

On ne se douterait certainement pas aujourd'hui, quand on arrive à Montaigu par la grande voie de Bordeaux à Nantes, qu'il y avait autrefois, sur l'emplacement même de l'imposante chaussée, les douves du vieux château. Ces douves, après avoir traversé la route actuelle, s'allongeaient, à droite, sur les bords de l'Asson. Là, d'humbles maisons s'adossaient aux remparts.

C'est dans l'une de ces maisons que naquit Louis-Marie Baudouin, le 2 août 1765.

Ce n'était pas la peine de se presser !

C'était le huitième enfant d'une famille très chrétienne, mais bien pauvre. Il vint au monde si frêle que, craignant pour sa vie, on le porta en toute hâte à l'église pour recevoir le baptème. Messire Duchastenier, curé de Montaigu, se faisait attendre. Il arriva pourtant ; mais il avait fallu retourner plusieurs fois le chercher. Dès qu'il vit l'enfant : « C'était bien la peine, dit-il, de se presser pour un marmot qui vivra soixante-dix ans ! » Cette boutade fut une vraie prédiction ; Louis-Marie Baudouin devait vivre jusqu'en 1835.

Une Mère chrétienne. Des histoires !

Il était encore au berceau lorsqu'il perdit son père, Jean Baudouin ; mais Dieu lui laissait en sa mère une éducatrice parfaite. Elle ne savait peut-être pas grand'chose des sciences de ce monde ; sa nombreuse famille ne lui laissait guère, d'ailleurs, le temps de s'en instruire ; mais elle possédait la science des saints. La foi et la religion avaient affiné son cœur et son intelligence à un degré qui surprend dans cette pauvre femme. Sa piété aimable et communicative sut faire passer dans le cœur de l'enfant l'amour de Dieu et de la Sainte Vierge dont le sien débordait.

Pendant qu'elle ravaudait les pauvres hardes de la famille, Louis-Marie aimait à s'asseoir à ses côtés. Alors, elle récitait avec lui quelques dizaines de chapelet ; ou bien, lui montrant une image de Marie, elle lui disait : « Vois comme elle est bonne ; c'est la Mère du bon Jésus ; c'est ta Mère, à toi aussi, mon enfant. Il faut que tu l'aimes de tout ton cœur. » D'autres fois, l'enfant, avide d'histoires, priait sa mère de lui en dire quelqu'une. Au lieu de lui raconter, comme le font parfois certaines mamans, des contes de fée ou des inventions qui ne nourrissent ni l'esprit ni le cœur, elle mettait à sa portée quelque trait de la vie des Saints ou quelque passage de l'Evangile, l'instruisant ainsi peu à peu de la vie et des enseignements du Sauveur.

Belle famille !

La prière du soir en commun, de rigueur dans tous les foyers chrétiens de Vendée, était ordinairement suivie de quelque lecture édifiante. Cette pieuse coutume était religieusement observée chez les Baudouin. La prière terminée, le *De profundis* récité, la famille s'asseyait en demi-cercle autour de l'âtre ; le plus savant des enfants prenait le livre en main, l'approchait de la chandelle de résine à la flamme rougeâtre et fumeuse et lisait, de sa voix la plus claire, l'histoire du peuple de Dieu ou les miracles et les vertus de la Vierge et des Saints. Parfois, la mère interrompait le lecteur pour souligner un conseil dont l'opportunité était plus remarquable ou pour mettre le texte en lumière par des exemples

concrets. Ces lectures contribuèrent, à n'en
pas douter, à former la piété de Louis-Marie et à lui donner, dès l'enfance, le goût
des Saintes Ecritures et l'amour de la
Sainte Vierge.

En pénitence !

Nous aurions tort de nous représenter le
jeune Louis-Marie doué d'une nature différente de la nôtre et incliné au bien par
tempérament. De sa vivacité prime-sau-
tière et de sa bouillante ardeur, à la colère
et à l'emportement, il n'y avait qu'un pas.
Il ne fallut rien moins que la vigilance
inlassable et l'habileté intelligente de la
vertueuse mère pour en venir à bout. Trop
de sévérité eût porté l'enfant à l'obstina-
tion ; une trop grande indulgence eût favorisé le développement de ses défauts nais-
sants. Le tact délicat et sûr de cette femme
de foi sut tenir le juste milieu ; elle redressa le caractère de son fils avec une douceur sans faiblesse et une fermeté sans
rigueur. Un jour qu'il avait contristé une
petite fille de son âge, sa mère lui dit :
« Louis, tu as déplu au Bon Dieu ; pour ex-

pier ta faute, viens ici et baise la terre. »
L'enfant humilié se redressa : « Maman,
répondit-il, je ne la baiserai pas, il y a de
la poussière. » La mère balaya la poussière,
et d'une voix qui n'admettait plus de réplique : « Tu la baiseras maintenant. »
L'enfant obéit. Le bon Père aimait à raconter ce trait qui montre aux mères l'influence qu'elles auraient sur leurs enfants
si leur autorité était toujours appuyée sur
la foi et sur l'amour de Dieu.

A l'école.

La mère aurait bien voulu garder longtemps encore, son dernier enfant près
d'elle ; cependant, elle ne pouvait y songer. L'éducation de son fils n'y eût rien
perdu sans doute ; mais il était temps de
le faire instruire. Et puis, il fallait vivre,
et le petit Louis-Marie était un embarras,
quand il s'agissait de pourvoir à la subsistance de la nombreuse famille. La fille aînée, Marie, qui aurait pu suppléer sa mère
à la maison, était couturière ; elle partait
avant le soleil levé et ne rentrait qu'à la
nuit. On envoya donc de bonne heure

Le port des Sables-d'Olonne en 1792, où s'embarqua le Père Baudouin.

Louis-Marie à l'école. Le maître était d'une sévérité exagérée ; la baguette appuyait trop souvent et trop fort ses réprimandes et ses leçons. La timidité de l'enfant en fut effarouchée à tel point qu'il se laissa aller, plusieurs fois, à faire l'école buissonnière. Mais la mère fut avertie et gronda ; « de ce jour on n'eut plus affaire qu'à un enfant docile, gai, ardent au jeu, non moins ardent au travail. C'était un aimable écolier, aux traits arrondis et colorés, au visage riant et ouvert ; une rare candeur, une modestie angélique relevaient encore les grâces natives de ses huit ans (1). »

Une vocation en herbe.

Les chanoines de la Collégiale de Saint-Maurice, où les Baudouin aimaient à entendre la messe, ne tardèrent pas à distinguer ce bambin dont la piété contrastait avec la turbulence des enfants de son âge. A sa grande joie, ils l'appelèrent à remplir dans leur église l'office d'enfant de chœur. Le sérieux et le recueillement avec lesquels

(1) R. P. Michaud. *Vie du Vénérable Louis-Marie Baudouin,* p. 5.

il s'acquitta des fonctions qui lui étaient
confiées furent le premier signe de sa vocation sacerdotale. De retour à la maison, il
construisait de petits autels ornés d'images
et de fleurs devant lesquels il aimait à
reproduire les cérémonies qu'il voyait à
l'église.

D'autres signes présagèrent même la
double mission que la Providence lui réservait. Sa sœur, qui était couturière, l'emme-
nait parfois avec elle, lorsqu'elle allait « en
journée.» Il ramassait les retailles inutili-
sables, dont il faisait des personnages qu'il
appelait prêtres ou religieuses : Il mettait
les prêtres d'un côté, les religieuses de l'autre et ne donnait pas d'aise à sa sœur
qu'elle n'eût regardé ses chefs-d'œuvre :
« Ma sœur, ici, voilà des prêtres ; là, ce
sont des religieuses. » Les esprits qui se
prétendent forts, parce qu'ils nient l'action
toute-puissante de Dieu, ne voudront voir
là qu'un simple jeu d'enfant ; pour ceux
que la foi éclaire, ils y reconnaîtront sans
peine la manifestation lointaine encore,
mais évidente, des desseins de Dieu sur celui
dont il se servira plus tard pour doter son
Eglise d'une congrégation de religieuses,

d'une congrégation de prêtres et de florissants séminaires.

A ces marques de vocation, il faut ajouter le goût de la lecture. Une pieuse femme lui demanda un jour : « Pourquoi, mon petit Louis, êtes-vous toujours occupé à lire ? — « C'est que je veux être prêtre, répondit-il sans hésiter. »

Après une première communion qui augmenta encore en lui la piété et le désir de se donner à Dieu, il entra, aux frais des bons chanoines, au collège de Montaigu ; et, afin de répondre à sa vocation, il s'appliqua au travail avec toute l'ardeur dont il était capable. Le succès répondit si bien à ses efforts qu'il ne tarda pas à dépasser ceux-mêmes qui avaient commencé avant lui l'étude du latin.

Les épreuves.

Le démon, qui voyait grandir un ennemi redoutable, essaya d'étouffer en Louis-Marie la voix qui l'appelait à la prêtrise. Tout à coup, la sublimité du sacerdoce effraya le jeune séminariste ; les desseins de Dieu sur lui perdirent de leur clarté, il eut des doutes sur la réalité de sa vocation. Sa mère avait toujours été pour Louis-Marie une confidente aussi discrète que charitable, un guide prudent et éclairé ; il se garda bien de lui cacher le combat qui se livrait en son âme. La pieuse mère découvrit très vite une ruse de l'ennemi des âmes : « Prie le bon Dieu, lui dit-elle, jette-toi à la Sainte Vierge et continue d'étudier. » L'enfant suivit ce conseil et s'abandonna entre les mains de la Sainte Vierge. Bientôt le calme rentra dans son âme et il sentit se raviver en lui le désir de recevoir enfin la grâce de la prêtrise.

Orphelin.

Avec quelle joie cette admirable mère n'eût-elle pas contemplé à l'autel le fils dont elle avait encouragé, fortifié et guidé la vocation ! Fatiguée par le travail et minée par les privations, elle priait Dieu de lui accorder assez de vie encore pour assister à la première messe de son plus jeune enfant. Le Seigneur lui demanda le sacrifice de ce bonheur. Le 23 avril 1780, Il lui donnait la céleste récompense. Le souvenir de ses conseils et de sa grande bonté devait seul soutenir Louis-Marie jusqu'au sacerdoce ; mais sa reconnaissance envers sa mère durera autant que sa vie : « Oh ! que je lui ai d'obligation ! » dira-t-il ; et il ajoutait avec cette humilité qui le caractérisait : « Si je n'ai pas fait plus de mal, c'est à elle que je le dois. »

A Luçon. La lutte pour la vertu.

En octobre 1782, il entrait au séminaire de Luçon. Il fut pour ses condisciples un modèle de régularité, de travail et de piété. Les supérieurs surent l'apprécier et, en témoignage de leur estime, ils lui accordèrent unaniment le « *prix de mérite.* » Ce prix consistait en une pension accordée au séminariste qui donnait le plus de satisfaction. Les élèves applaudirent à ce choix.

Nous ne saurions mieux résumer les années dont nous venons de parler qu'en empruntant les paroles d'un vénérable ecclésiastique à une supérieure de religieuses de Chavagnes : « Votre Père a toujours été un saint : j'ai passé avec lui mes premières années ; au collège, il était un saint jeune

homme ; au séminaire, un fervent séminariste ; en exil, un saint confesseur de la foi. »

Mais il ne conquérait pas la vertu sans
efforts et sans luttes. Laissons parler M.
Fleurisson, l'un de ses amis intimes : « Son
tempérament, dit-il, était bilieux et san-
guin ; au séminaire, j'étais témoin, chaque jour, des efforts qu'il faisait pour soumettre ses passions, pour dompter l'âpreté
de son caractère. » La Mère Saint-Laurent
dit de lui : « Sans religion, il eût été un
homme peu sociable et de difficile accès ; la
religion le fit doux, humble, miséricordieux, d'une humeur si gaie et si affable
qu'il se faisait aimer de tous. »

Enfin prêtre !

Ces efforts incessants avaient préparé son
âme aux grâces de l'ordination sacerdotale.
Ce fut le 19 septembre 1789, qu'il fut or-
donné prêtre. Il célébra sa première messe
à Montaigu, dans l'église même où, vingt-
quatre ans auparavant, il avait été baptisé.

Bientôt il fut adjoint comme vicaire à
son frère M. Pierre-Martin Baudouin, curé
de Luçon. Il ajoutait à cette charge celle
d'aumônier de l'hôpital.

CHAPITRE II

—

Confesseur de la Foi

Contre l'intrus. — En prison. — En exil.

L'orage.

Déjà la Révolution commençait. Le 6 novembre, l'Assemblée Constituante dépouillait l'Eglise de France de tous ses biens. Le 12 juillet, cette même assemblée, poursuivant son œuvre sacrilège, votait la Constitution Civile du Clergé, dont le but évident était de détacher la France de l'Eglise catholique. Le 6 janvier, les évêques et les prêtres devaient prêter serment à cette constitution.

Confesseur de la foi.

Les prêtres jureurs (1) furent rares en Vendée. L'abbé Baudouin repoussa ce ser-

---

(1) C'est le nom que le peuple donna aux prêtres qui avaient prêté le serment schismatique ; on les appela aussi assermentés.

ment schismatique de toute l'énergie de son âme. Bien plus, la profession de foi et les protestations motivées dont il accompagna son refus, eurent le don d'exaspérer les membres du district. Ils s'emportèrent et vomirent d'horribles blasphèmes. Une sainte indignation s'empara alors du jeune prêtre : « Messieurs, leur dit-il, je vois bien que si vous aviez fait partie du tribunal qui condamna Jésus-Christ à mort, vous ne vous seriez pas abstenus. » — « Non, certainement, répondit l'un d'eux, ils étaient dans le système de la légalité. » Parole impie qui met à nu le fanatisme de ces misérables. L'abbé Baudouin venait de se désigner à la malveillance et aux représailles des autorités révolutionnaires. Un fait ne tarda pas à leur donner l'occasion de les exercer.

Un intrus à Luçon.
Mon ami, pourquoi êtes-vous venu ?

La Constitution Civile du Clergé remettait la nomination des évêques au corps électoral. Au diocèse de Luçon, il y eut un prêtre qui ne craignit pas de poser sa candidature à l'évêché constitutionnel de Vendée ; ce fut Rodrigue, curé de **Fougeré.** Il fut élu, consacré, et quelques jours après, soutenu par la garde nationale, il faisait à Luçon son entrée solennelle.

L'abbé Louis-Marie Baudouin, malgré sa jeunesse, ne consultant que l'ardeur de son âme apostolique, résolut de tout tenter pour éveiller les remords dans le cœur de Rodrigue et l'empêcher, s'il était encore possible, de consommer son forfait. Pendant le trajet, il lui fit parvenir un billet. Ce billet contenait les paroles de reproche de Notre-Seigneur à Judas : « *Amice, ad quid venis ? — Mon ami, pourquoi êtes-vous venu* (1) ? » L'apostat reçut le coup et continua sa marche. M. Baudouin lui fit remettre un second message. Il contenait ces autres paroles du Sauveur : « *Juda, osculo Filium hominis tradis ! — Judas, tu trahis le Fils de l'homme par un baiser* (2) ! »

Hélas ! le cœur de Rodrigue était rempli de trop d'orgueil et d'ambition pour écouter ces graves reproches. Rien ne put l'arrêter. Il se rendit à l'évêché et s'y installa.

(1) Matth. XXVI, 50.
(2) Luc XXII 48.

Après quoi, payant d'audace, il alla se présenter à la cure de Luçon. Il espérait sans doute gagner à sa cause les Messieurs Baudouin. Mais, fidèles au conseil de l'Esprit-Saint, de n'avoir aucune communication avec les apostats, les deux frères interdirent au prêtre coupable l'entrée de leur maison.

En prison pour Jésus-Christ.

La vengeance de Rodrigue ne se fit pas attendre. Quelques heures après, l'abbé Louis-Marie Baudouin était signalé à la police, arrêté et conduit sous bonne escorte à la prison de Fontenay-le-Comte. C'était le premier prêtre de Vendée emprisonné pour son attachement à la Sainte Église.

Toutes les situations sont bonnes aux vrais apôtres pour travailler au salut des âmes. L'abbé Baudouin regarda tout de suite la prison comme un nouveau champ d'apostolat que la divine Providence l'invitait à cultiver. Il n'avait autour de lui que des malfaiteurs, il chercha à gagner leurs âmes à Dieu. Hélas ! son zèle et ses exhortations se heurtèrent à des cœurs endurcis et obstinés ; il ne réussit pas à les convertir. Il s'attira du moins leur confiance ; à tel point, qu'ils le mirent dans le secret d'un projet d'évasion et lui proposèrent de prendre avec eux la clef des champs : « Nous avons pratiqué un trou dans ce mur, lui dit l'un d'eux ; ce trou est recouvert par une botte de paille sur laquelle l'un de nous reste couché quand le geôlier vient faire sa visite. Si vous voulez vous sauver avec nous, Monsieur l'abbé, nous vous conduirons en toute sécurité où vous jugerez bon. » — « Grand merci, mon ami, répondit le saint prêtre, j'attendrai ici les moments de la Providence. Je vous souhaite un bon voyage. » Une belle nuit, en effet, raconte le vénérable Père, les « chers camarades » délogèrent sans tambour ni trompette, comme ils l'avaient dit ; le geôlier ne se réveilla que le matin. « Je crois qu'on me soupçonna fort d'avoir conspiré au moins par mon silence. Je m'en aperçus à la surveillance plus sévère que l'on exerça contre moi à partir de ce moment. »

Retour à Luçon. Sauvé ! Suspect !

Relâché au bout de sept mois, il revint à Luçon se remettre au service des âmes. Mais, comme il devait s'y attendre, les révolutionnaires l'eurent bien vite reconnu. Un jour, dans la rue, plusieurs d'entre eux le poursuivaient et il n'eut que le temps de se réfugier dans la maison d'un royaliste de ses amis. La porte se referma au moment où le sabre de l'un de ces misérables s'abattait sur lui. Du coup la porte vola en éclats ; mais déjà, heureusement, M. Baudouin s'était échappé. A la hâte, ses amis l'avaient caché sous un tas de filasse et de lin et quand, après quelques minutes, les révolutionnaires entrèrent à leur tour et voulurent fouiller la maison, ils ne trouvèrent plus personne. Comme il y avait deux issues, ils crurent sans doute que le prêtre avait fui par la porte opposée, et sans plus, malgré leur vive déception, ils se retirèrent. L'abbé Baudouin, cette fois, en fut quitte pour la peur.

Son séjour à Luçon ne pouvait durer bien longtemps. Arrêté de nouveau, il fut reconduit à Fontenay et soumis à une

Maison où naquit le Vénérable Père Baudouin à Montaigu.

étroite surveillance. Il était suspect (1) et, comme tel, astreint à aller s'inscrire « tous les jours, à onze heures du matin, au secrétariat du département, sur un registre ouvert à cet effet. »

L'exil.

Aux mesures vexatoires succédèrent des mesures plus cruelles. Le 26 août 1792, un décret condamnait à la déportation tous les prêtres fidèles. Qu'allait faire l'abbé Baudouin ? Son désir eût été de continuer en France son ministère sacerdotal. Il brûlait d'affronter tous les dangers et de courir tous les risques pour arracher les âmes aux périls de la séduction et de la peur ; mais il craignit de tomber dans la témérité, et, comme son frère lui rappelait le conseil évangélique : « Si on vous persécute dans une ville, fuyez dans une autre », il se résolut à l'exil.

Le 9 septembre, il s'embarquait pour l'Espagne, aux Sables-d'Olonne, et le 14 septembre, après une très mauvaise traver-

____

(1) Ce fut le nom qu'on donna à ceux qui étaient soupçonnés de rester attachés au roi ou à la religion.

sée, il débarquait à Saint-Sébastien. Il n'était pas seul ; soixante-seize prêtres étaient partis avec lui, parmi lesquels son frère, M. Martin Baudouin, qui mourra sur la terre étrangère, M. Lebédesque qui sera son premier religieux, et M. L. Paillou son futur évêque. A Saint-Sébastien, il fallut se séparer. Le groupe dont faisaient partie les deux messieurs Baudouin et M. Lebédesque se dirigea d'abord sur Valence, puis sur Madrid, enfin sur Tolède où ils devaient résider.

Détroussé.

Ce fut un long et dur voyage. Ils allaient à pied, sous un soleil brûlant, par des sentiers abrupts, et, pour comble de malheur, — il leur arriva de tomber, à quelques lieues de Valence, dans une bande de brigands. Ecoutons le Père Baudouin nous raconter lui-même, avec sa douce gaîté, la triste aventure : « Pendant que les bandits d'un moindre rang nous tenaient cernés, les chefs s'occupaient à vider la bourse de ces *Messieurs* avec des manières fort polies. Ils commencèrent par vider celle de M. Paillou et celle de mon frère qui étaient bien garnies, puis celles des autres. Pendant cette cérémonie qui allongeait le visage à tous mes compagnons, j'attendais patiemment que mon tour arrivât ; j'avais si peu à perdre ! Ce qui pourtant m'empêchait de réfléchir à mon aise sur les physionomies que j'avais sous les yeux, c'était le bout d'un fusil que l'un des voleurs avait appuyé sur mon oreille. L'aimable brigand porta même l'attention jusqu'à me demander si j'avais peur. — « Non, lui répondis-je, ma vie est entre les mains de Dieu : s'il veut vous la livrer, que son saint nom soit béni. » Enfin mon tour arriva. Ils ne trouvèrent sur moi qu'une piastre (quatre francs). Alors, ils se dirent les uns aux autres : « *Pobrecito !* le pauvret ! » et ils balancèrent pour savoir s'ils devaient me la rendre : finalement, ils se décidèrent à la garder. Nous ayant ainsi rendus tous plus lestes, ils nous souhaitèrent un bon voyage et se retirèrent dans la montagne. »

A Tolède. Don Luis, priez pour nous.

Le Père Baudouin arriva donc à Tolède sans ressources aucunes, sans un sou. Par bonheur, cette terre d'exil, où il devait passer cinq ans, ne fut pas inhospitalière aux proscrits. Le Cardinal de Lorenzana les reçut comme un père ; il leur procura des logements, pourvut à leur subsistance sur ses ressources personnelles et leur ouvrit l'opulente bibliothèque de l'Evêché.

A Tolède, le Père Baudouin ne fut pas inactif : il partageait son temps entre la prière, l'étude et le travail manuel, car il fallait vivre. Le peu d'espagnol qu'il savait, il le mettait au service de son apostolat. Son bonheur était de réunir les enfants pour les entretenir du Bon Dieu et leur enseigner le catéchisme. Sa seule présence d'ailleurs était une prédication. La modestie, le recueillement, la bonté et la sainteté rayonnaient de sa personne et édifiaient au plus haut point les habitants de Tolède. Souvent on voyait des gens s'approcher de lui et lui dire, avec la confiance qu'inspire la vertu : « Don Luis, priez Dieu pour nous ! » Don Luis, comme on le voit, fut bientôt populaire à Tolède.

La société de Marie.

Ces braves gens n'étaient pas les seuls à subir le charme de la vertu du Père Baudouin ; sa vie régulière et édifiante faisait bien plus d'impression encore sur les ecclésiastiques. Plusieurs d'entre eux ne tardèrent pas à se grouper autour de lui et s'adonnèrent, sous sa direction, à l'étude et à la pratique de la perfection. Ce fut la première ébauche de la société de religieux qu'il rêvait d'établir un jour en Vendée. Le groupement prit le nom de « Société de Marie. » Cette société dura peu ; la défection de l'un de ses membres, Bernard Dariès, obligea le Père Baudouin à remettre à plus tard l'établissement de la nouvelle congrégation. Mais le Père Baudouin et M. Lebédesque n'en perdront jamais le souvenir et ils s'efforceront, de retour en France, de la faire revivre.

Je vous salue, Marie !

Si le Père Baudouin portait au bien les habitants de Tolède, il s'édifiait aussi de leur dévotion envers Marie. Il avait remarqué que, lorsque deux Espagnols se rencontraient, l'un disait : « *Ave, Maria purissima !* » et l'autre répondait : « *Sin pecado concebida !* » (Je vous salue, Marie très pure. — Conçue sans péché). La joie que lui causait cette aimable salutation était immense. Il l'adopta pour son compte, et, quand, plus tard, il institua ses Congrégations, il leur légua, pour l'employer et pour la propager, l'invocation recueillie à Tolède.

CHAPITRE III

—

La cachette des Sables d'Olonne

**Les ruines. — Les rebâtisseurs.
La Mère Saint-Benoît.
Les Fils de Marie Immaculée.**

Adieux à Tolède. Sur la route de France.

Cependant, le Père Baudouin pensait
toujours à la France. Aux exilés qui s'é-
taient embarqués en 1792 aux Sables-
d'Olonne, la violence de l'orage révolutionnaire semblait un signe de sa courte durée.
Hélas ! la tourmente durait depuis cinq ans.
Pourtant, vers le milieu de 1797, l'horizon
parut s'éclaircir : au mois de mai, les roya-
listes avaient triomphé dans les élections
et bien des lois hostiles aux prêtres avaient
été rapportées. Sitôt que le Père Baudouin
apprit cette nouvelle, il résolut de retourner en France où, pensait-il, il y avait

tant de ruines à relever et tant d'âmes à sauver. Le 24 juin, il dit adieu à ses amis, et, muni d'un passeport d'ouvrier passementier, il partit de Tolède, accompagné de M. Lebédesque.

Sauvé encore une fois.

Tous deux se mirent en route sous des costumes d'ouvriers espagnols. Mais ce déguisement cachait mal leurs manières par trop ecclésiastiques. Non loin de la frontière espagnole, sur la route de Bordeaux, ils croisèrent une troupe de soldats. A la vue des deux étrangers, ils s'arrêtent, jettent sur le Père Baudouin des regards soupçonneux et s'avancent pour mettre la main sur lui. Une heureuse inspiration le sauva. Un petit enfant jouait, près de là, sur le seuil d'une porte : le Père Baudouin se tourne vers lui, comme s'il le connaissait et lui tend les bras. L'enfant sourit et accourt : le Père Baudouin le caresse et l'embrasse. Les soldats persuadés qu'ils se sont trompés et qu'ils ont affaire à quelque habitant du lieu, remettent leur fusil sur l'épaule et continuent leur route. Le serviteur de Dieu et son compagnon l'avaient échappé belle. Ils bénirent le Seigneur qui les avait, une fois de plus, couverts de sa protection.

L'habit ne fait pas le moine.
Dans un tonneau.

S'apercevant que le costume qu'il portait, loin de détourner l'attention, attirait les regards, le Père Baudouin en essaya un autre, celui de perruquier ; mais, sous ce nouveau déguisement comme sous l'ancien, son air modeste et ses manières distinguées le compromettaient toujours. Aussi faillit-il, à plusieurs reprises, être arrêté. On sut même bientôt qu'il s'était logé, à Bordeaux, chez un certain M. Michaud (1), père d'un de ses anciens condisciples, et des agents de police se présentèrent pour se saisir de lui. Il ne dut son salut qu'à la présence d'esprit de Mme Michaud, à qui sa politesse et quelques bons verres de vin of-

(1) Ce M. Michaud faisait un important commerce de sel et avait deux domiciles, l'un aux Sables-d'Olonne, où il possédait des salines et l'autre à Bordeaux, où il écoulait sa marchandise.

ferts et acceptés de bonne grâce tinrent lieu de certificat de civisme.

Ne voulant pas compromettre leurs hôtes, les deux prêtres résolurent de quitter Bordeaux. M. Michaud les prit à son bord jusqu'à Libourne : là il les recommanda à l'un de ses amis, bon chrétien, le capitaine Louineau, qui mettait à la voile pour les Sables-d'Olonne. Cachés, chacun dans un tonneau, le Père Baudouin et M. Lebédesque arrivèrent aux Sables dans la nuit du 14 au 15 août 1797.

La cachette.
La messe à deux pas de la guillotine.

L'accalmie annoncée fut très relative et dura fort peu de temps : bientôt la Terreur recommença et le sang coula de nouveau. Malgré le danger, le Père Baudouin résolut de rester aux Sables. Il se cacha dans la maison de Mlle Guinemand. Un brave menuisier, habile artisan, lui construisit sous le plancher une cachette si bien dissimulée que les investigations les plus minutieuses ne purent jamais le découvrir. Dans cette demeure chrétienne, il célébrait la Messe, catéchisait les enfants et les préparait à la première Communion (1).

Souvent, déguisé en marin, risquant sa vie pour le salut des âmes, il allait confesser les malades à domicile. Souvent aussi, de bons chrétiens, sentant venir la dernière heure, se traînaient, mourants, à la demeure de Mlle Guinemand, pour ne pas exposer le saint prêtre à des rencontres dangereuses, dans les rues de la ville.

Un jour un inconnu d'une maigreur effrayante se présente à la porte de Mlle Guinemand et demande à parler au Père Baudouin ; le visage du pauvre homme était pâle et défait, une sueur abondante y perlait, ses jambes le portaient à peine : « Faites-le entrer, dit le saint prêtre. « — « Monsieur, dit l'inconnu, vous voyez l'état où je suis ; je n'ai que peu de temps à rester sur la terre et je viens vous prier de me dis-

---

(1) L'une de ces heureuses enfants fut la jeune Catherine Blay, qui, plus tard, fera profession dans la Congrégation des Ursulines de Jésus, sous le nom de Mère Emmanuel. C'est sans doute dans cet oratoire des Sables qu'elle s'imprégna de l'esprit du « Bon Père. » Aussi, cet esprit rayonnera-t-il magnifiquement pendant les vingt ans qu'elle sera Maîtresse des novices et les neuf ans de son généralat.

poser à entrer dans l'éternité. » — « Mon cher ami, lui dit le Père Baudouin sur un ton de doux reproche, il fallait me faire demander ; j'aurais été moi-même vous trouver. » — « Ah ! Monsieur, vous auriez couru trop de dangers ; je ne voulais pas exposer une vie aussi précieuse que la vôtre. » Après s'être confessé, cet excellent chrétien se traîna jusqu'à sa maison, où il expira en bénissant le Seigneur.

Mlle Guinemand suspecte. Visites domiciliaires.

Ces allées et venues à la maison de Mlle Guinemand n'échappèrent point aux agents de la révolution et la courageuse chrétienne ne tarda pas à être déclarée *suspecte*. On résolut d'être prudent. Mais, le moyen d'interdire l'entrée de sa demeure à des gens qui bravent la prison ou la guillotine pour venir y chercher les secours de la religion ? Les résolutions les plus énergiques s'évanouissaient devant la détresse des âmes et leur appel forçait les consignes les plus sévères. Bientôt même, sur le conseil du Père Baudouin, la porte s'ou-

vrit de plus en plus grande et les fidèles
affluèrent de plus en plus nombreux, malgré d'inquiétantes visites domiciliaires.

L'oiseau a pris sa volée.

Un jour, sa messe dite, le Père Baudouin
confessait dans son oratoire, quand, soudain, des agents du district, accompagnés
de gendarmes, se présentent. Le Père Baudouin n'eut que le temps de prendre le
tabernacle entre ses bras et de descendre
dans sa cachette. Mais les ornements étaient
restés sur un meuble : « Voici le nid, dit
en entrant l'un des Bleus, voici le nid et
une partie du plumage, mais l'oiseau a pris
sa volée ! » Et dans sa colère de n'avoir pu
se saisir du saint prêtre, il enfonçait son
sabre dans les meubles et les cloisons. La
maison fut fouillée dans les moindres re-
coins. Mais le bon Maître, que le Père Baudouin serrait entre ses bras, rendit inutiles,
une fois de plus, les perquisitions de ses
ennemis.

C'est dans cette retraite des Sables que le
Vénérable Serviteur de Dieu élabora, sous
le regard du Maître adoré et devant une sta-

3*.

tue de la Sainte Vierge pieusement con-
servée aux Sables, les règles de ses deux
Congrégations. C'est là que, dans des visions dont il fit l'aveu à M. Fleurisson, il
reçut du ciel la mission de relever, par ses
deux familles religieuses, la foi et la piété
dans nos provinces de l'Ouest.

Plus de prêtres ; plus de religion.

Dès son arrivée en France, le Père Baudouin avait constaté que le mal était plus
profond qu'il ne l'avait entrevu de la terre
d'exil. Les prêtres étaient morts en grand
nombre. Parmi ceux qui étaient demeurés
dans leur patrie, les uns, poursuivis, traqués, toujours sur le qui-vive, errant, souvent sans feu ni lieu, dans les forêts et les
halliers du bocage, obligés de fuir les en-
droits habités, autant pour échapper aux
pièges de l'ennemi que pour éviter de compromettre leurs amis, avaient succombé à
la misère et aux privations ; d'autres, exté-
nués, n'ayant plus même la force de sauver leur vie par la fuite, avaient été pris,
déportés ou fusillés. La guillotine avait
accompli sa sinistre besogne parmi ceux

La Statue de la Ste. Vierge devant laquelle
le Père Baudouin composa, dans sa cachette, les
règles de ses Congrégations.

qui restaient. Les séminaires fermés, leurs élèves avaient du renoncer à la carrière ecclésiastique. La Révolution, non contente de persécuter les gardiens de la religion et de la morale chrétienne, avait favorisé l'ir-religion et encouragé l'immoralité.

Des prêtres,
des missionnaires, des religieuses.

Dans sa cachette des Sables, le Père Baudouin eut, hélas ! tout le loisir de mesurer l'étendue du désastre et il ne tarda pas à trouver le remède à ces maux. Il fallait des prêtres, il fallait des missionnaires pour ramener dans les âmes la foi ou la morale oubliée ; il fallait former des mères chrétiennes pour faire revivre la piété et la religion au sein de la famille. Dans cette retraite des Sables prirent donc naissance la congrégation des Fils de Marie Immaculée et celle des Ursulines de Jésus.

Plus il priait, plus il réfléchissait, seul à seul avec son divin Maître des journées entières, plus le Père Baudouin se sentait poussé à rétablir la Société qu'il avait ébauchée dans l'exil de Tolède. Des religieux éducateurs, voilà les ouvriers qu'il faudrait pour relever les séminaires ; une Congrégation de missionnaires, voilà la légion qu'il voulait lancer à l'assaut des positions dont le démon s'était emparé à la faveur des troubles révolutionnaires. Sa résolution était prise de fonder des religieux éducateurs et missionnaires.

Une société de religieux prêtres. Projets et règles.

À l'école du Verbe Incarné, il acheva, d'abord, de se pénétrer de l'esprit de ce divin Maître. Le silence et la retraite lui permirent d'écouter avec plus de recueillement et d'attention la voix de Jésus. Deux vertus surtout l'attiraient vers le Sauveur : la douceur et l'humilité ; il en fera la base de sa société. Il veut des éducateurs doux et humbles qui ne rebutent jamais l'élève dont le courage ou l'intelligence défaillent, des missionnaires dont la douceur attire les pécheurs timides qui hésitent à franchir le pas de la conversion. Il veut des « Nazaréens du Verbe Incarné, dévoués comme lui, en lui et avec lui » pour le salut des âmes.

Ses religieux puiseront l'amour de leur divin Maître dans la lecture des Saints Livres, surtout dans la sainte Eucharistie. Deux exercices contribueront à fortifier cet amour et à le développer : l'adoration du Verbe Incarné, au moins trois fois par jour, en union avec Marie et toute la Cour céleste, et un examen journalier portant principalement sur la vie intérieure et auquel la règle donne le nom de Confession au Verbe Incarné.

Le Père Baudoin veut donc des Imitateurs de Jésus. De vrais imitateurs de Jésus pourraient-ils manquer d'aimer la Sainte Vierge ? Quel enfant aima jamais sa mère comme le Verbe Incarné aima Marie ? Les religieux du Verbe Incarné professeront pour elle la plus tendre et la plus filiale des dévotions ; « ils se feront une gloire de porter le nom d'Enfants de Marie (1). »

La bouche parle de l'abondance du cœur. Remplis de l'amour de Jésus et de Marie,

____

(1) Le titre approuvé par Rome est : *Societas Filiorum Mariæ Immaculatæ*. — Société des Fils de Marie Immaculée. C'est le titre que, pour éviter toute équivoque, nous donnerons, dans le cours de cette petite vie, aux fils du Vénérable Père Baudouin.

ils le répandront autour d'eux, dans l'enseignement et dans les missions.

Une congrégation de deux membres.

Les règles une fois écrites, le serviteur de Dieu n'attendit que les premières lueurs de paix pour mettre son projet à exécution. Elle commença bien humblement, la petite Société ; il ne fallut pas de grands édifices pour en abriter les premiers religieux ; en attendant des temps meilleurs, elle ne compta que deux membres : le Père Baudoin et M. Lebédesque. Le 31 Janvier 1800, ils prononcèrent entre les mains l'un de l'autre « au nom et à la plus grande gloire du Verbe Incarné » les trois vœux de religion.

Des mères chrétiennes.

Mais revenons à la cachette des Sables. Cet esprit du Verbe Incarné, cette dévotion à Marie, le Père Baudouin rêvait de les faire partager par une autre famille. Dans le cœur du saint prêtre, un second projet avait mûri : donner à chaque foyer une mère chrétienne, capable d'élever les enfants dans la crainte de Dieu et la pratique de la religion. Des religieuses enseignantes, voilà le complément nécessaire de sa société de prêtres : sans prêtres, pas de mères chrétiennes ; mais aussi, sans mères chrétiennes, pas de prêtres.

La future Mère fondatrice.

Dieu lui-même se chargea de mettre sur sa route la femme forte qui devait être la fondatrice des « Filles du Verbe Incarné (1), » la Mère Saint-Benoît, dans le monde Charlotte Ranfray.

A Talmont.

Charlotte Ranfray était née à Luçon, le 4 novembre 1755. De bonne heure, elle perdit ses parents. Sa sœur aînée l'accueillit près d'elle, dans le château de Talmont, dont son mari, M. Bréchard, était sénéchal pour les princes de Talmont, sires de la Trémouille. La vie ne tarda pas à lui peser dans ce sombre manoir : sa sœur était toute

(1) A partir de 1821, elles portent le titre d'Ursulines de Jésus.

à ses nombreux enfants ; M. Bréchard, ma-
gistrat d'une intégrité proverbiale, mais
assez solennel, transportait volontiers dans
la vie de famille quelque chose de la gra-
vité inhérente à sa charge ; son austère vertu, ce mélange de réserve polie et de froi-
deur contrastaient avec le caractère gai, ardent et expansif de la jeune fille. Elle s'ennuyait.

Chez les Hospitalières.

N'y tenant plus, elle fit part à son beau-
frère de son intention de se retirer à La
Rochelle. Celui-ci comprit bien vite l'inu-
tilité de ses résistances ; il céda. Les dames
Hospitalières de la Charité de La Rochelle,
afin de se procurer quelques ressources, recevaient, dans une partie de leur couvent
qu'elles ne suffisaient pas à occuper, des
dames de haut rang, en qualité de pensionnaires ; Charlotte se joignit à ces dames. Elle fut bien aise de trouver enfin,
avec un peu de liberté, la compagnie choi-
sie et les relations qui lui avaient tant manqué à Talmont. Elle ne tarda pas à devenir
l'enfant gâtée de cette société quelque peu

mondaine. Son esprit cultivé et pénétrant, ses manières élégantes, la délicatesse et l'amabilité de ses rapports, tout lui attirait les sympathies. Elle jouissait de ses succès, car ses goûts l'attiraient vers le siècle.

Hospitalière elle-même.

Mais Dieu la réservait pour de grandes choses. Il se l'attacha par un de ces coups de la grâce qu'il réserve aux âmes élues par lui, dès l'éternité, pour l'accomplissement de ses desseins. Elle entra chez les Hospitalières, y fit profession et reçut le nom de Sœur Saint-Benoît.

Aux Sables.
Première entrevue. Projets d'apostolat.

Chassée de son couvent par la Révolution, elle s'était retirée aux Sables-d'Olonne chez une de ses sœurs. Depuis quinze mois, elle était privée des sacrements, quand, en 1798, les demoiselles Guinemand la présentèrent au Père Baudouin dans sa retraite des Sables. La première impression ne fut favorable ni d'une part, ni de l'autre. Le Père Baudouin aurait volontiers taxé de fierté et de recherche la distinction et la noblesse des manières de la Mère Saint-Benoît, et celle-ci, de rùdesse et de rigorisme, l'apparence chétive et le maintien réservé du saint prêtre. Ils s'étudièrent et se comprirent ; ils y gagnèrent une estime réciproque et une confiance mutuelle inébranlable.

La fondatrice était trouvée ; mais était-ce bien le moment de songer à cette société de vierges enseignantes ? A en juger par les bruits qui lui parvenaient dans sa cachette, le Père Baudouin le croyait. Il entrevoyait l'époque où, la liberté étant rendue à l'Eglise, il faudrait passer à l'action. Les temps, sans être bons, devenaient moins mauvais : les révolutionnaires les plus avérés étaient honteux de l'incapacité et des désordres de la Convention ; avec le Directoire et à la faveur de ses mesures arbitraires et violentes, la situation n'avait fait qu'empirer ; le mauvais état des finances et la fameuse *banqueroute des deux tiers* (1)

____

(1) Le gouvernement révolutionnaire avait fait des dettes considérables ; le Directoire en paya les deux tiers avec du papier monnaie dont la valeur était à peu près nulle et déclara qu'il ne devait plus qu'un

avaient semé partout le mécontentement ; des coups d'état rapprochés affaiblissaient le régime et en présageaient la fin ; Bonaparte faisait trop parler de lui, pour que sa dictature ne fût pas désirée ; on sentait proche le 18 brumaire (2) ; les fonctionnaires modérés semblaient soucieux de se ménager une place dans le gouvernement nouveau que tous attendaient ; les plus cruels et les plus farouches, craignant de justes représailles, ne songeaient qu'à se retirer sans bruit ; la persécution se ralentissait, la police devenait moins soupçonneuse et moins tracassière.

Oubliez la douce solitude.

A la faveur de cette ombre de liberté le Père Baudouin fit, à la maison de Mlle Guinemand, des réunions plus nombreuses et plus fréquentes. Il ne tarda pas à y réunir une élite d'anciennes religieuses, de dames et de jeunes filles désireuses d'une piété plus active ou avides d'une perfection plus

tiers de ses emprunts. Cette fraude fut appelée la *banqueroute des deux tiers*.

(2) Ce fut le 18 brumaire, 9 novembre 1799, que Bonaparte s'empara du pouvoir.

haute ; parmi elles, prenait rang la **Mère Saint-Benoît**. Quel pouvait être, en ces temps troublés, le sujet de ces entretiens ? Sans doute, on y pleurait sur les malheurs de l'Eglise et de la Patrie, mais on y parlait surtout d'espoir ; on s'y préparait à l'action. Les saintes ambitions du Père Baudouin se faisaient jour malgré lui ; son zèle impatient d'agir ne réussissait plus à les garder secrètes : « Il importe, leur disait-il, de former des mères vraiment chrétiennes, et cette noble tâche, mesdames, **vous est réservée**. Il faut oublier la douce solitude de vos couvents. Ce n'est plus dans le demi-jour de vos cloîtres paisibles, aux jeunes filles des classes les plus favorisées que vous devrez désormais donner l'éducation chrétienne ; c'est aux enfants de toutes les classes de la société, et parmi le siècle, dans les exercices d'une vie pauvre, laborieuse et toute apostolique. »

Curé de la Jonchère.

Ainsi se dessinait le plan du saint fondateur. Mais en Avril 1800 il était nommé curé de la Jonchère ; le projet d'une Congrégation de religieuses fut ajourné.

CHAPITRE IV

—

Curé de la Jonchère

———

**Onze paroisses. — Mère Saint-Benoît
catéchiste. — Des conversions !**

Belle réception ; triste logement.

Le 8 avril 1800, les habitants de La Jonchère recevaient leur curé. Ils s'étaient por-
tés en foule à sa rencontre, et ce fut une
explosion de cris de joie lorsqu'on le vit
paraître. Sur le chemin, des enfants, qui
n'avaient jamais vu de prêtres, le regar-
daient de leurs yeux ébahis ; bien des gens
se mettaient à genoux et demandaient sa
bénédiction. A tous, le Père Baudouin souriait. Hélas ! en arrivant au bourg, ces braves gens durent lui avouer qu'ils n'avaient
à lui offrir pour tout logement qu'un toit
à brebis abandonné. Il s'y logea de bonne
grâce et, à la grande édification des parois-

siens, il se montra heureux de souffrir quelque chose du dénuement du Verbe Incarné qui voulut naître dans une étable.

Curé de onze paroisses.

L'église était intacte ; il s'empressa de la rendre au culte catholique. La présence d'un prêtre fidèle ne tarda pas à être connue dans toute la région. La Jonchère devint comme le centre d'une mission qui s'étendit bientôt à onze paroisses des environs. Il est difficile de se faire une idée du travail écrasant que dut accomplir le Père Baudouin. Privés de prêtres depuis près de dix ans, les uns s'étaient habitués à se passer tout à fait de religion ; il fallait secouer leur torpeur et réveiller leur conscience endormie ; les autres, faute de secours religieux, s'étaient abandonnés sans frein à leurs passions ; il fallait les rappeler à l'observation de la morale chrétienne ; la peur de passer pour suspects en avait jeté d'autres dans tous les désordres de la Révolution ; il fallait les ramener dans le chemin du devoir; la plupart d'entre eux, fort heureusement, avaient hâte de faire une bonne confession, et ce n'était pas la moindre affaire ; des enfants de sept et huit ans n'étaient pas baptisés, il fallait faire jusqu'à dix baptêmes par jour les premières semaines ; les prescriptions de la sainte église sur la célébration du mariage avaient été violées ou n'avaient pu être observées, il fallait y suppléer. Si l'on ajoute à cela, la visite des malades, on se demande comment le pauvre curé pouvait suffire à cette énorme besogne. Il ne ménagea point sa peine ; son abnégation, sa bonté, sa patience lui gagnèrent le cœur de ses paroissiens. Il multiplia les instructions, exhorta les fidèles à faire pénitence de leurs fautes et à reprendre les pratiques de la vie chrétienne.

Un confesseur à cheval.

Les pâques étaient proches, les fidèles de ses nombreuses paroisses assiégèrent le saint tribunal. Il eut beau abréger le temps de son sommeil, prendre sur ses repas, il n'arrivait pas à entendre tous les fidèles qui se pressaient à son confessionnal. Voici, racontée par lui-même, la mesure que la nécessité l'obligea de prendre : « Je ne pouvais, dit-il, être au confessionnal autant de temps qu'il l'aurait fallu ; je pris le parti de confesser les hommes en allant voir les malades. Mon cheval allait au pas. Lorsque la confession était achevée, le pénitent se mettait à genoux pour recevoir la bénédiction ou l'absolution ; pendant que je la donnais, j'arrêtais mon cheval ; tous les hommes se mettaient à genoux. Le pénitent confessé reprenait alors sa place dans le groupe, un autre le remplaçait et la marche continuait ainsi, pendant plusieurs heures, sans confusion. Je gagnais du temps par ce moyen ; autrement, je n'aurais pu venir à bout de ma besogne. »

Il prêcha, exhorta et confessa, si bien que la fête de Pâques fut vraiment, pour la Jonchère, la fête de la résurrection. Aussi, quelle joie pour son âme apostolique !

Au catéchisme.

Les Pâques terminées, le Père Baudouin pensa à la première communion. Sur les bancs du catéchisme, le pasteur ne voyait pas que des enfants ; des adultes, des per-

sonnes mariées même se pressaient aux leçons du bon curé. Ils étaient nombreux,
leur ignorance de la religion était complète,
et non seulement ils ne savaient rien, mais
beaucoup, parmi les plus âgés surtout,
avaient perdu toute disposition pour l'é-
tude. Ils y mettaient pourtant de la bonne
volonté ; hélas ! ce qui entrait par une
oreille sortait par l'autre. Le Père Baudouin comprit que, seul, il ne viendrait
pas à bout de la besogne. Grâce au concours de deux jeunes gens de bonne volonté, MM. Jean-Jacques Bruneteau et Placide Guinemand, qui seront plus tard les
deux premiers prêtres ordonnés après la
Révolution, il pouvait encore se charger
d'instruire les garçons et les hommes ;
quant aux jeunes filles, il ne fallait pas y
songer.

Mère Saint-Benoît, catéchiste.

C'est alors que l'idée lui vint de faire
appel à la Mère Saint-Benoît. Aussitôt que
celle-ci eut reçu l'invitation, elle accourut,
accompagnée de la Mère Saint-Arsène, ancienne maîtresse des novices chez les Hospitalières de La Rochelle.

A peine arrivées, elles se mirent au travail. La Mère Saint-Benoît manifesta, dès l'abord, un talent remarquable pour l'enseignement et manœuvra sa petite troupe avec une rare habileté. Elle sut ménager à merveille les susceptibilités des plus revêches et traita avec patience les têtes les plus dures ; bref, petites et grandes l'aimaient et la vénéraient. A la juger à l'œuvre, le Père Baudouin comprenait quelles éducatrices pourrait former une telle maîtresse. En quelques semaines, les petites filles avaient été préparées avec tant de soin et si bien instruites de la Doctrine chrétienne, qu'elles possédaient des vérités de la religion une science plus que suffisante pour être admises à la table sainte.

Voiles et brassards blancs.

Le 18 mai 1800, vingt-deux petits garçons et trente-deux petites filles faisaient leur première communion. La fête fût splendide. La Mère Saint-Benoît et la Mère Saint-Arsène avaient déployé, dans la décoration de la jolie petite église, toute la délicatesse de leur goût exquis ; les mamans

L'église de la Jonchère.

avaient tiré du fond des armoires les brassards, les toilettes blanches et les couron-
nes de roses que l'on n'avait pas vus depuis
dix ans. L'émotion fut grande et bien des
larmes coulèrent lorsque les enfants firent
leur entrée, les petits garçons, brassard au
bras, rayonnants de bonheur, pieux et re-
cueillis ; les petites filles, gracieuses sous
leur voile blanc, les yeux modestement
baissés, l'air pénétré du grand acte qu'elles
allaient accomplir. Quel beau spectacle ce
fut de les voir tous à la table sainte recevoir
avec une piété angélique Jésus, le Dieu de
paix ! Bien des Vendéens qui, au péril de
leur vie, avaient assisté maintes fois à la
messe, en cachette, au fond des granges ou
dans l'épaisseur des forêts, n'en pouvaient
croire leurs yeux, ni leurs oreilles.

Deux premières communions sans voiles.

Le 15 juin, une autre fête, sans voiles ni
brassards, cette fois, causait aux habitants
une vive impression, mais d'un tout autre
genre. Soixante-quatre hommes et soixante-
dix femmes ou jeunes filles, que la révolution avait privés du bonheur de la première

communion, s'approchaient, pour la première fois, de la table sainte.

Enfin le 22 février de l'année suivante, un dernier groupe de retardataires : vingt-quatre garçons et vingt et une filles, parmi lesquels beaucoup d'adultes, étaient admis à la première communion.

Une conversion difficile.

La vie paroissiale renaissait, les conversions se multipliaient. Le Vénérable Père ne s'en attribuait aucunement le mérite. « C'était, disait-il, sa bonne Mère du ciel qui faisait tout. » Le fait est que la Sainte Vierge y mettait la main : Un des plus audacieux révolutionnaires, voleur de biens d'Eglise, dont les dénonciations avaient envoyé nombre de chrétiens et de prêtres à la guillotine, était très malade. Comment l'aborder ? Sa femme, un vrai démon, défendait l'entrée de sa chambre. Le Père Baudouin se présenta pourtant ; il fut mis à la porte avec des injures. Mais il y avait là une âme à sauver ; il répondit par de douces paroles ; il pria et fit prier. De quelle façon s'y prit-il pour gagner à sa cause la terrible femme ? C'est le secret de Dieu ; toujours est-il qu'il parvint auprès du malade.

La partie n'était pas gagnée cependant ; dès que le saint curé commença à lui parler du bon Dieu, ce fut chez cet homme une explosion de colère et un torrent d'injures. Outrages, insultes, affronts, refus de recevoir les sacrements, rien ne put rebuter le zèle du saint prêtre. La maladie empirait, il ne quitta plus guère la chambre du mourant.

Un jour, après avoir épuisé, en pure perte, une fois de plus, les ressources de sa persuasion, il se souvint qu'il n'avait pas encore parlé à ce renégat de la Très Sainte Vierge. Il se met à genoux, récite à haute voix l'*Ave Maria*, insistant avec toute la ferveur dont il est capable sur ces paroles : *Priez pour nous, pauvres pécheurs, maintenant et à l'heure de notre mort.* Puis, s'adressant au malade : « Mon ami, lui dit-il, ne reconnaissez-vous pas Marie pour Mère de Dieu ? » — « Cet *Ave Maria* que vous venez de réciter, répond le moribond, je ne sais pourquoi, je l'ai récité tous les jours ; à quoi m'a servi cette prière ? » — « A vous sauver, répond vivement le

Père Baudouin. » Le vieux révolutionnaire
fit une confession pleine d'humilité et de
repentir, abjura ses erreurs, demanda pardon de ses scandales et mourut dans les sentiments de la plùs ardente piété.

Assassins et amis.

La « musse » était ouverte, d'autres vieux
renards y passèrent. Son zèle, ses succès auprès des pécheurs, le bien qu'il faisait, ne
tardèrent pas à attirer sur le curé de la Jonchère la haine des impies. Ils formèrent le
dessein d'attenter à ses jours. Par une nuit
obscure, trois hommes, vigoureux et bien
armés, s'arrêtèrent devant sa demeure et dé-
clarèrent qu'un de leurs amis, malade, réclamait les secours de la religion. Le Père
était en proie à un violent accès de fièvre ;
il se lève pourtant, se présente à ses guides
et leur annonce qu'il est prêt à les suivre.
A peine avait-il fait quelques pas, que l'un
des hommes lui demande : « Monsieur le
Curé, n'avez-vous pas peur de vous trouver
seul avec nous ? » — « Non, mon ami, je
n'ai pas peur. » Nos bandits ne peuvent
s'empêcher d'admirer une telle confiance,

Le long du chemin, à cinquante pas devant le Père Baudouin, ils se parlent à voix basse. On arrive dans un chemin profond, loin de toute habitation : « Monsieur le Curé, si nous voulions vous faire votre affaire, ce serait bien le temps et le lieu. » — « Ma vie, répond le Père, est entre les mains de Dieu avant d'être dans les vôtres. Elle tient à si peu de chose que vous n'auriez pas un grand coup à frapper ; mais qu'en feriez-vous ? » — « Oh ! Monsieur le Curé, disent ces hommes, changés par la bonté et la charité du prêtre, vous avez des ennemis, mais nous n'en sommes pas. Nous vous ramènerons chez vous sain et sauf et malheur à qui voudrait vous attaquer ! » Le Père Baudouin les remercie et bénit Dieu qui a touché leur cœur.

Un gros poisson.

C'était bien vrai que leur ami était malade ; il n'en avait même plus pour longtemps ; mais il était loin de demander les secours de la religion ! A peine eut-il aperçu le prêtre qu'il donna des signes de la plus violente colère et, malgré sa faiblesse ex-

trême, il cherchait de la main quelque objet·
pour le lui jeter à la tête. Le Père Baudouin
lui adresse des paroles aimables, s'efforce
de le calmer, lui parle de la miséricorde de
Dieu et cherche à exciter les remords dans
cette pauvre âme. Rien n'y fait. Le moribond reste insensible, jetant toujours sur
le prêtre les mêmes regards de haine et de
mépris : « Eh bien, dit le Père Baudouin
d'une voix ferme, puisque j'ai pris la peine
de venir vous offrir les miséricordes du
Seigneur et que vous ne voulez pas en pro-
fiter, je resterai ici pour voir comment
meurt un damné. »

Le malade ne s'attendait pas à cette offen-
sive ; les sentiments les plus divers se font
jour sur son visage et reflètent la lutte qui
se livre dans son âme entre la grâce et le
démon. La grâce enfin l'emporte : « Est-ce
qu'il y aurait encore en Dieu des miséricordes pour un homme qui a commis tel
et tel péché ? » Et il les accusait à haute
voix : « Eh ! oui, mon cher frère. La Sainte
Vierge, refuge des pécheurs, a prié pour
vous. Du courage, mon ami, du courage !
confessez-vous. » Le pauvre pécheur se confesse en sanglotant. Le Père Baudouin,

frappé des signes d'un si extraordinaire
repentir, s'empresse de le réconcilier avec
Dieu, et, pour mettre le comble à sa joie, il
lui annonce qu'il va lui apporter le saint
Viatique : « Non, Monsieur le Curé, répond
le malade, cette grâce n'est pas pour moi,
je suis un trop grand scélérat ; tout le
monde me connaît comme tel ; c'est déjà
bien trop que le bon Dieu me pardonne ! »
— « Cette grâce est pour le repentir. Mon
ami, je vous donnerai la Sainte Communion comme gage assuré de votre salut. »

Il fallait se presser, le malade s'affaiblis-
sait, la mort venait à grands pas. Le Père
Baudouin retourne en hâte au bourg. Il ne
pensait plus à sa fièvre ; la joie d'avoir pê-
ché un si gros poisson lui donnait des jambes. De retour auprès du malade, il lui
administre l'Extrême-Onction. Avant de recevoir la communion, le malade fit signe
qu'il voulait parler. On se tut, on s'appro-
cha de son lit. De sa voix éteinte, si faible
déjà qu'on l'entendait à peine, le moribond
demanda pardon à ceux qu'il avait offen-
sés ou scandalisés ; puis il reçut le corps de
Notre-Seigneur avec la piété la plus tou-
chante et mourut un quart d'heure après,

laissant les assistants d'autant plus émus, qu'ils étaient loin de prévoir une mort aussi consolante.

Adieu à *La Jonchère.*

Le Père Baudouin, on le pense bien, eut plus d'une fois recours au dévouement de la Mère Saint-Benoît ; elle revint à plusieurs reprises à la Jonchère, soit pour prendre ses conseils, soit pour l'aider dans son ministère auprès des enfants. Ce fut dans une de ces visites qu'elle renouvela, entre les mains du Père Baudouin, ses vœux de religion. Mais la Jonchère ne devait pas être le berceau de la Congrégation des « Filles du Verbe Incarné. »

CHAPITRE V

—

Curé de Chavagnes-en-Paillers

**Une paroisse martyre.
Missionnaire et curé. — Le « bon Père. »**

Chavagnes !

Le 31 juillet 1801, le Père Baudouin, nommé curé de Chavagnes, se rendait à son poste. Ne vous le figurez point se dirigeant vers sa nouvelle paroisse par l'une des sept routes qui vous y mènent aujourd'hui. Chavagnes n'était alors qu'une pauvre bourgade perdue au milieu des bois, sur le sommet d'un petit coteau qui domine la rivière de la Petite-Maine. On y arrivait par des chemins profonds que les pluies d'hiver détrempaient et rendaient impraticables, si bien que, hors les mois d'été, on ne pouvait guère y parvenir qu'à cheval ou en charrette à bœufs.

Le grand massacre.

Arrivé aux limites de sa nouvelle paroisse, le nouveau curé s'arrêta, bénit le troupeau que lui confiait la divine Providence ; puis il continua sa route. De quelque côté qu'il dirigeât ses regards, il n'apercevait que fermes incendiées, maisons ruinées aux toits effondrés, pans de murs calcinés, seuls vestiges parfois d'une habitation de paysans à l'aise. Le bourg ne présentait pas un meilleur aspect ; la plupart des maisons étaient en ruines. Tout, dans cette pauvre paroisse, portait les traces du sinistre passage des colonnes infernales (1). Venant de Saint-Fulgent et se dirigeant sur Montaigu, elles s'étaient abattues sur Chavagnes le dimanche de la Quasimodo 1794, massacrant tout sur leur passage et promenant partout l'incendie et la dévastation. En quelques heu-

(1) La Convention, ne pouvant venir à bout de la résistance héroïque de la Vendée qui réclamait la liberté religieuse, lança contre elle douze colonnes de troupes, avec la consigne de tout incendier et de tout massacrer sur leur passage, sans même épargner les femmes et les enfants. Les crimes abominables et sans nombre que commirent ces colonnes leur valurent le nom bien mérité de *colonnes infernales*.

res, le château de l'Hulière et la pauvre bourgade avaient été la proie des flammes. Ces bandes, vraiment infernales, s'étaient acharnées sur la petite église et y avaient si bien attisé l'incendie que les cloches avaient fondu dans la fournaise. Les malheureux habitants qui, surpris par le feu dans leurs demeures, tentaient d'échapper à l'incendie, tombaient sous les baïonnettes ou sous les balles des bleus. On parle encore, à Chavagnes, après plus d'un siècle, de cette journée que l'on appela « le jour du grand massacre. »

Les ruines dans les âmes.

Tant de ruines rappelaient au Père Baudouin d'autres ruines plus profondes encore que la Révolution avait accumulées dans les âmes. Le cœur meurtri par cette pensée, il pénétra dans l'église. Sommairement restaurée par son prédécesseur, M. Remaud, elle portait encore les traces du terrible incendie de 1794. Il s'y prosterna, le front soucieux, le visage triste et abattu, s'absorba dans une ardente prière, baisa la terre avec humilité et se releva, plein de

confiance et de courage. Il lui **avait semblé**
entendre les paroles que Dieu adressait à
Moïse : « Je serai avec toi. »

Dix ans de misère.

Il avait bien besoin du secours d'en haut
pour ramener sa paroisse à la pratique de
la religion et des vertus chrétiennes. De
tous côtés, on sentait sourdre des haines et
des désirs de vengeance. Il ne pouvait en
être autrement chez des gens dénués, dix
ans durant, de secours religieux, traqués
comme des bêtes, accablés de réquisitions,
pillés, volés, chassés de leurs terres rava-
gées et de leurs maisons incendiées. Des
traîtres, qui avaient servi de guides aux
colonnes infernales, vivaient encore ; leur
seule présence n'était-elle pas une provoca-
tion ? La vue même des ruines qu'on
n'avait encore pu relever entretenait dans
les cœurs des rancunes sans pardon et des
envies de représailles sans merci (1). La né-.

(1) A l'appui de cette assertion, on pourrait citer ce
fait : « Un paysan de Chavagnes, revenant le soir à sa
ferme, trouva sa femme et ses enfants assassinés, sa
maison, ses étables et ses granges brûlées. Il saisit sa
serpe et se poste à un échalier où les bleus passaient

cessité de relever leurs maisons et leurs granges avait engendré une âpreté au gain, voisine de l'avarice ; par une réaction trop naturelle, la paix et la sécurité faisaient naître chez ces gens, accablés naguère de tant de souffrances, un désir effréné de se sentir vivre, qui se traduisait trop souvent, hélas ! par des plaisirs grossiers et des assemblées où la morale n'était pas toujours respectée.

Le bon Pasteur.

Le sage pasteur comprit qu'il ne viendrait pas à bout d'opérer les réformes nécessaires, avant de connaître la profondeur du mal et les éléments sur lesquels il pouvait compter dans son entreprise de renouvellement chrétien. Il résolut de consacrer le reste de la belle saison à la visite de ses ouailles. Il voulait, comme le bon Pasteur, connaître ses brebis et être connu d'elles.

fréquemment isolés. Au moment où l'un d'eux se baissait pour le franchir, il lui assénait sur la tête un coup de serpe et faisait une coche sur le manche de son outil, afin de savoir le nombre de ses victimes. La révolution passée, il était hanté de cauchemars et de visions terrifiantes. Il se confessa, pardonna et les visions disparurent.

Le Père Baudouin était de ces hommes dont la vertu se cache sous des dehors humbles, assez timides, presque gauches, et qui gagnent à être vus dans l'intimité. Quelques-uns, le jugeant sur sa mine pâle et son visage amaigri, l'avaient peut-être jugé rigoriste forcené ; d'autres ne lui croyaient ni la santé ni la force nécessaires au gouvernement de la paroisse : « Il n'aura même pas la force de nous enterrer, disaient-ils. » Son sourire aimable, son amour du bon Dieu et sa façon de parler des divines miséricordes, la manière charmante avec laquelle il s'informait des intérêts de la famille, mirent à nu sa grande bonté sans mélange de rigueur. Son courage et la résistance qu'il montra à la fatigue de ces visites persuadèrent les plus pessimistes que, non seulement il aurait « la force de les enterrer », mais qu'il serait encore capable de mener la lutte contre les abus et les désordres.

La mission est ouverte.

De cette visite paroissiale, il conclut que le moment était venu d'essayer un grand mouvement de retour vers Dieu. Le pre-

L'église de Chavagnes au temps du Père Baudouin.

mier dimanche de l'Avent, après la grand'-
messe, il entonna le cantique populaire :

> La Mission est ouverte :
> Quittons tout pour la gagner.

La mission remua les cœurs et excita un
entrain indescriptible. Dans une lettre du
Vénérable Père, nous trouvons ces mots,
dont la concision et l'humilité nous lais-
sent tout de même entrevoir le travail qu'il
s'imposa et le succès qu'il obtint : « J'étais
une vraie mâchoire de Samson et des merveilles se sont opérées. Tout le monde,
frappé, touché, veut des confessions géné-
rales. Il n'y a que moi qui suis devenu plus
vicieux. Je n'ai pourtant pas le temps de
pécher, à peine me laisse-t-on celui de
manger et de dormir. »

Rien que des muets !

Deux ans plus tard avait lieu ce qu'on
appelle en Vendée « le retour de Mission »,
sous la forme d'une retraite. Le Vénérable
Père avait recommandé le silence ; nous
allons voir qu'il fut obéi. Comme, les instructions finies, les fidèles s'en retour-
naient chez eux, un étranger se trouva à

passer par là. Il adresse la parole au premier groupe qu'il trouve, pas de réponse ; il parle à un second, pas une syllabe ; à un troisième, rien : « Curieux pays, fit-il en les regardant s'éloigner en silence, rien que des muets ! » Ce trait ne montre-t-il pas à quel point le curé de Chavagnes avait sa paroisse en main ?

L'ami des enfants.

La Mission terminée, il s'occupa des enfants. Il ne les avait pas négligés depuis son arrivée dans la paroisse. Durant ses visites paroissiales, il s'était ingénié à gagner leur affection. Saint Augustin prétend que, pour attirer les enfants, il suffit de leur montrer des noix. Le bon saint avait sans doute essayé. Mais je doute que les noix de saint Augustin aient eu autant de succès que les gâteaux du Père Baudouin ; car il leur distribuait des gâteaux, et il était fort content de l'effet de ces friandises sur la nature craintive et fuyarde de ce petit monde. Le rassemblement ne tardait guère à se faire, timide d'abord, puis moins peureux ; enfin, l'air de bonté du pasteur gagnant les cœurs de ces petits, le cercle se resserrait et c'était à qui s'approcherait le plus près du « bon Père. » Les petits se faufilaient entre les grands pour prendre la meilleure place. Il traçait alors sur leur front le signe de la croix, en prononçant ces paroles qu'il aimait tant à dire : *Et Verbum caro factum est — Et le Verbe s'est fait chair.* Il leur parlait du bon Dieu et semait en leurs jeunes cœurs l'amour de Jésus et de Marie. Les enfants se sentaient attirés vers lui ; comme Jésus, il était bien l'ami des enfants.

Le catéchisme du bon Père.

Aussi quel bonheur fut le sien, le jour où il put enfin les réunir sur les bancs du catéchisme ! Et puis, on ne s'ennuyait pas aux leçons du bon Père ! Il savait mettre à la portée des enfants les vérités les plus ardues de notre sainte religion. Quand les explications ne suffisaient pas, et souvent aussi lorsqu'elles auraient suffi, il enfonçait encore la leçon dans la tête de son petit peuple par des exemples tirés des usages et des choses populaires. L'attention faiblissait-elle, il tirait quelque histoire de son sac toujours gonflé de traits de l'Histoire sainte, de paraboles évangéliques ou de récits de la vie des saints. Parfois, il leur racontait quelque épisode « arrivé » de sa vie à Luçon, en Espagne ou à la Jonchère.

Il serait difficile de faire comprendre à quel point il intéressait ses jeunes auditeurs : puisque nous parlons d'histoires, une histoire nous le dira : Une petite fille, craignant d'arriver en retard au catéchisme du « bon Père », se hâtait de finir la tâche que lui avait commandée sa mère. Dans sa précipitation, elle fit un faux mouvement et renversa sur ses pieds un vase d'eau bouillante. La douleur était si vive que la pauvre enfant ne pouvait mettre sa chaussure. Elle prit ses sabots dans ses mains et se traîna pourtant à l'église : « Il serait tombé des pierres, disait-elle plus tard, qu'on ne nous aurait pas empêchés d'aller au catéchisme. » Aussi, quelles bonnes communions faisaient ces enfants !

Nous avons le Calvaire chez nous !

Jésus régnait de nouveau dans les âmes ; mais les débris des croix abattues par les révolutionnaires jonchaient encore le sol aux carrefours des chemins. Le Père Baudoin résolut de les relever. Il commença par celle du village de Benaston. Les offrandes affluèrent. Une belle croix fut exécutée. Le temps se mit de la partie et la cérémonie fut splendide. Comme les hommes s'avançaient pour se charger du précieux fardeau : « Mes enfants, leur dit le Père Baudouin, nous avons à réparer de grands outrages faits au signe de notre rédemption. Je désire que vous marchiez pieds nus. » Sans hésiter, tous quittent leurs chaussures. Le recueillement et le respect avec lesquels ces chrétiens portaient la croix étaient impressionnants. Et lorsque, victorieuse une fois de plus des persécuteurs, elle s'éleva majestueusement, coupant l'azur du ciel, ce fut vraiment la joie de la foule qui vibra dans ce cantique :

> Chers amis, tressaillons d'allégresse,
> Nous avons le Calvaire chez nous.

Puis, à la voix du saint prêtre, on se frappe la poitrine ; des cris de « pardon ! » montent vers Dieu ; on vénère avec foi l'instrument des miséricordes divines.

Une autre croix fut plantée à l'entrée du

bourg ; l'église fut restaurée ; deux cloches appelèrent de nouveau les fidèles aux offices, si bien qu'on aurait pu croire revenus les jours de foi ardente et de piété sincère d'avant la grande Révolution.

La pêche à la ligne.

Ces cérémonies grandioses, les principales fêtes de l'année, que le Père Baudouin tenait à rendre aussi solennelles que possible, étaient des occasions d'appeler les fidèles au saint tribunal et à la Table sainte. L'appel du divin Maître était entendu du plus grand nombre. Entre temps, « il pêchait à la ligne », c'est son expression pittoresque. Cela consistait à annoncer, le dimanche, que, tel jour de la semaine, il se tiendrait à son confessionnal. Ce n'était plus, sans doute, les grands coups de filets ; mais l'aimable pêcheur prenait toujours quelques poissons.

Quarante sous par dimanche.

Souvent aussi, comme le Sauveur, il court après la brebis égarée. Rencontre-t-il quelque retardataire, il l'invite doucement à remplir ses devoirs de chrétien. Un jour,

il trouve sur sa route un homme qui semble avoir oublié le chemin de l'église.
Il l'aborde avec bonté et d'un ton de pater-
nel reproche : « Mon ami, lui dit-il, pourquoi donc ne venez-vous plus à la messe ? »
— « C'est que les temps sont durs, voyez-vous
mon Père; il faut que je travaille pour élever mes enfants. » — « Voyons, combien
gagnez-vous par jour ? » — « Quarante sous
au moins. » — « Eh ! bien, mon ami, allez
à la messe tous les dimanches ; chaque fois
que vous y assisterez vous aurez vos quarante sous. » Marché conclu ! Trois fois,
notre homme a touché le prix convenu ;
mais la quatrième fois : « Reprenez votre
argent, dit-il, je ne suis pas aussi gêné que
je l'ai dit ; je continuerai d'aller à la messe
quand même. » Le Père Baudouin tient là
un gros poisson; il se garde bien de le laisser échapper: « Mon ami, voilà une bonne
résolution qui sera agréable à Dieu ; mais,
pour lui être tout à fait agréable, il faudrait
vous confesser. » — « Ah ! mon Père, votre
confessionnal est toujours assiégé, j'aurais
trop longtemps à attendre, vous savez que
je n'ai pas le temps. » Le Père Baudouin le

regarde de ce regard tendre et profond de saint qui semblait voir au travers d'une âme comme au travers d'un cristal : « Mon fils, mettez-vous à genoux. » Le pécheur, vaincu par tant de force et de douceur, se confesse, se relève plein de joie et publie partout les louanges de celui qu'il appelle son sauveur.

Adieu pour jamais !

D'autres fois, c'est d'assaut qu'il emporte la place. Il faisait un jour visite à un pécheur obstiné avec lequel il avait épuisé en vain les arguments les plus persuasifs : Miséricorde de Dieu, bontés de Marie, vérités éternelles, rien n'entamait l'opiniâtreté de ce cœur endurci. Brusquement, après avoir renouvelé en vain les avances de la grâce, le saint curé se lève : « Adieu ! je vous quitte pour jamais ! » — « Et où allez-vous donc, mon Père ? » — « Je vais au ciel ; et vous, vous allez en enfer. » Cette façon saisissante de présenter la séparation des élus et des réprouvés, on pourrait dire de la mettre en action, fit sans doute passer devant les yeux du pauvre égaré le tableau effrayant du jugement dernier ; peut-être eut-il comme une vision de l'enfer, où le menait le chemin qu'il suivait ; toujours est-il qu'il se convertit et se laissa mettre par son curé, sur le chemin du ciel.

Le bon Père et ses chers pauvres.

Le « bon Père » s'apitoyait sur toutes les misères ; il aimait les pauvres d'un amour de prédilection ; sa charité pour eux était inépuisable. Un jour, il venait de visiter un malade : un homme à l'aspect miséreux l'aborde et lui demande l'aumône : « Si vous étiez venu me trouver avant mon départ, lui dit le saint prêtre, j'aurais pu vous satisfaire ; mais j'ai donné à peu près tout ce que j'avais. Il ne me reste plus qu'une pièce de cinq francs : prenez-la. »

Sur sa route, il trouve un de ses paroissiens en proie à un violent chagrin : il l'aborde aussitôt : « Mon ami, vous voilà bien triste : manqueriez-vous de pain pour vos enfants ? » — « J'ai bien encore un peu de pain ; mais je suis dans l'impossibilité de payer mon loyer et on veut me faire des frais. » — « Venez me trouver demain matin. » L'homme fut fidèle au rendez-vous et reçut plus qu'il ne devait.

Un vrai panier percé.

Tant qu'il avait de l'argent, il en donnait ; mais parfois, n'ayant pas un liard, le bon curé de Chavagnes faisait « une bonne rencontre » ; il tombait alors sur son modeste vestiaire, et linge de corps, et bas et chaussures passaient entre les mains des pauvres. Ce fut au point que Mme Barreau, qui s'était chargée de sa garde-robe, se crut plusieurs fois obligée de lui en faire de sérieuses remontrances : « C'est vrai, disait le bon Père, vous avez raison ; je suis un vrai panier percé. Allons ! Allons ! ne vous fâchez pas. Je tâcherai de me corriger. » Mais de pareilles résolutions duraient peu, si peu que Mme Barreau résolut de lui retirer la clef de l'armoire et de lui donner son linge à mesure qu'il en aurait besoin.

Deux bonnes rencontres.

Il fut bien obligé de restreindre ses largesses ; cependant, cela ne le corrigea point. Un jour, il trouve un pauvre homme tout en haillons ; son air minable et malheureux lui fait compassion ; il s'approche de lui ; toutes ses résolutions de parcimonie sont en déroute : « Vous souffrez donc beaucoup, mon ami ? » — « Oh ! oui, Monsieur le Curé. Et puis, je manque de tout ; je n'ai même pas de chemise ! » — « Mon ami, je vais vous donner la mienne. » Et se retirant dans les halliers, il se dépouille en faveur de ce malheureux.

Un autre jour qu'il rentrait à la maison, il se baissait de manière à cacher ses pieds avec le bord de sa soutane. Mme Barreau n'eut pas de peine à deviner ce qui s'était passé : « Monsieur le Curé, dit-elle, vous avez encore fait des vôtres aujourd'hui. » — « Que voulez-vous ? J'ai trouvé un homme qui avait les jambes nues et je lui ai donné mes bas ; n'est-ce pas naturel ? » C'était si naturel que cela se renouvelait à la première occasion, au grand désespoir de l'excellente dame (1).

---

(1) Ces traits sont à rapprocher d'un autre de sa vie à La Jonchère. Sa sœur, Marie Baudouin, lui dit un jour : « Mon frère, vous devriez mettre de l'argent de côté ; les temps sont difficiles, on ne sait pas ce qui peut arriver ». — « Ma sœur, répondit le saint prêtre, j'ai de l'argent. » Il avait douze francs.

CHAPITRE VI

—

L'ami des Enfants

***

**Des religieuses enseignantes ! — Les Ursu-
lines de Jésus. — Une œuvre bénie de
Dieu**.

Des religieuses enseignantes !!

Au milieu des soucis et des travaux du
ministère paroissial, le Père Baudouin ne
perdait pas de vue son projet de Congrégation de religieuses enseignantes. Bien plus,
dans le contact journalier avec les âmes et
dans les visites des familles, il avait touché
du doigt l'influence de la mère dans l'éducation des enfants et leur formation chrétienne : « Que seront les foyers de demain,
devait-il se demander ? — Ce que seront les
mères ; et les mères seront ce que sont les
enfants d'aujourd'hui. » C'était donc tout
de suite qu'il fallait entreprendre cette œuvre capitale.

L'école buissonnière obligatoire.

La situation des enfants de sa paroisse lui disait assez la détresse de ses petits amis dans le reste du pays dévasté de la Vendée militaire ; et cette détresse des enfants n'était pas faite non plus pour retarder son projet. Chassés par la Terreur, avec leurs parents, dans les genêts et au fond des bois, les enfants de Chavagnes n'avaient connu, en fait d'école, que l'école buissonnière obligatoire, sans rien des charmes — soit dit pour les jeunes élèves qui liront ce petit livre — qu'offrent les escapades de nos écoliers en rupture de règlement scolaire. Revenus avec leurs parents dans leurs maisons en ruine, ils avaient été condamnés encore à l'ignorance : pas d'écoles, pas de maîtres ; le torrent révolutionnaire avait tout emporté. Restaient les institutions des villes ; mais, outre que l'éducation qu'elles donnaient n'offrait guère de garanties à des familles chrétiennes, leur accès n'était pas à la portée de toutes les bourses.

Appels pressants à la Mère Saint-Benoît.

Aussi, le Père Baudouin pressait-il la Mère Saint-Benoît de venir à Chavagnes.

Celle-ci hésitait ; d'un côté, ses parents traitaient de folie le projet de s'enterrer vivante dans un pays dévasté, dans une pauvre bourgade perdue au milieu des fondrières du bocage vendéen ; d'un autre côté, les Hospitalières songeaient à ramener à La Rochelle les membres dispersés de leur couvent, et elles comptaient mettre à leur tête la Mère Saint-Benoît. Elle renonçait donc, en allant à Chavagnes, au calme et à la tranquillité du cloître et, du même coup, elle attristait ses parents et les personnes pour lesquelles elle avait la plus tendre affection. Etait-il bien prudent de sacrifier les joies certaines d'une vie religieuse, dont elle avait goûté les avantages, aux incertitudes d'une fondation, tout au moins problématique et vouée, au dire des siens, à un pitoyable échec ? N'était-ce pas lâcher la proie pour l'ombre ? La paix du cloître l'attirait en effet ; mais, la vie d'abnégation, de dévouement et de sacrifices, que le Père Baudouin lui proposait, s'accordait mieux avec l'ardeur de son caractère et la générosité de son grand cœur. Chavagnes l'emporta. « Sa foi, sa claire vue des besoins du temps, lui disaient assez haut qu'à l'heure présente, mieux valait s'attacher à fonder une Congrégation de religieuses enseignantes que de s'évertuer à réunir, entre les murs d'un couvent en ruines, un petit nombre de religieuses cloîtrées ; que la gloire de Dieu et le bien des âmes étaient là (1). »

Bonne résolution.
Bonne nouvelle. Arrivée à Chavagnes.

Malgré le désir qu'elles avaient d'avoir au milieu d'elles la Mère Saint-Benoît, les Hospitalières craignirent, en insistant davantage, de se mettre au travers des desseins de la Providence. Elles cédèrent à sa demande et lui rendirent sa liberté. La Mère Saint-Benoît n'était pas seule, aux Sables, à désirer cette fondation. D'autres n'attendaient que son exemple pour tout quitter et se mettre à l'œuvre sous la direction du Père Baudouin. Elle s'empressa donc de lui faire part de sa résolution et de celle de ses compagnes et l'informa du jour de leur arrivée. Tout joyeux, le bon Père leur écrit : « Je reçois vos lettres, mes filles ; nous vous

(1) R. P. Michaud, *op. cit.*, page 159.

attendons pour le jour dit, avec vos charrettes. Vous serez les bienvenues, tout le monde vous attend avec impatience. La moisson est abondante ; si vous voulez la cueillir, votre couronne sera grande. Ceux qui enseignent la sagesse brilleront comme les étoiles du firmament ; et la Sagesse Incarnée a dit, elle-même : Heureux celui qui enseigne la loi aux autres, son nom sera grand dans le ciel. »

Le 2 juillet 1802, la Mère Saint-Benoît arrivait à Chavagnes avec la Mère Saint-Arsène, ancienne hospitalière de La Rochelle, Mlle Julie de Villedon, les deux demoiselles Blay, des Sables, et Marie Trichet, servante chaumoise, qui sera la première religieuse converse sous le nom de sœur Candide.

Par le toit on voyait les étoiles.

La maison où fut logée la petite colonie n'était pas luxueuse. Elle durent se contenter de ce qui restait de l'ancien prieuré, livré aux flammes pendant la Révolution : une chambre basse surmontée d'un grenier. Et encore, au dire de la Mère Saint-

La Mère Saint-Benoît.

Laurent « par le toit du grenier, on voyait les étoiles. » La chambre basse fut la cuisine, le réfectoire et le parloir ; le grenier fut converti en dortoir et en salle d'étude. Les « filles du Verbe Incarné » n'étaient guère mieux logées que leur Maître naissant.

Ecole et pensionnat.

Une école populaire et un petit pensionnat furent ouverts et tout de suite remplis d'élèves ; si bien remplis qu'au bout de peu de temps, il fallut songer à refuser des élèves ou à chercher un abri plus spacieux. Le Père Baudouin était prêt à tous les sacrifices, plutôt que d'abandonner son cher petit monde. Il pensa à l'ancien presbytère (1). Le pauvre presbytère avait subi le sort des autres maisons du bourg, le jour du « grand massacre » ; il fut restauré à la hâte et la Communauté naissante s'y installa avec ses élèves. Ce n'était pas encore le luxe ; mais « sortant du galetas qu'on

(1) Ce vieux presbytère, incendié pendant la Révolution, occupait la place où l'on voit aujourd'hui les parloirs du petit Séminaire et la Chapelle de la Sainte Vierge.

avait occupé d'abord, on se crut dans un palais (1). »

Premières novices.

Cette vie de travail et de privations n'était pas faite pour déplaire à la vaillante colonie ; bien loin de rebuter la Mère Saint-Benoît et ses compagnes, elle attirait vers cette vie religieuse dont le Père Baudouin les entretenait si souvent. Celui-ci, constatant avec joie de si heureuses dispositions, jugea le moment venu de poser les fondement de la société de vierges qu'il avait tant désirée. Il admit au noviciat la Mère Saint-Benoît, Mlle de Villedon et, un peu plus tard, Mlle Catherine Blay. La Mère Saint-Benoît conserva le nom qu'elle avait reçu chez les Hospitalières, Mlle de Villedon fut appelée sœur Sainte-Madeleine et Mlle Blay reçut le nom de sœur Emmanuel de l'Immaculée-Conception. Ce furent les premières « Filles du Verbe Incarné. »

(1) R. Mère Saint Laurent.

Religieuses, pourquoi ?

La règle que leur donnait le pieux fondateur était celle qu'il avait longuement méditée dans sa solitude des Sables. Il proposait à ses religieuses quatre fins.

« La première fin de votre institut, leur disait-il, est d'abord de retirer d'un monde corrompu et corrupteur des âmes de bonne volonté, afin qu'elles travaillent dans cette Congrégation à la vraie perfection religieuse. » Pour atteindre ce but, elles seront les adoratrices fidèles et les imitatrices constantes du Verbe Incarné, leur divin modèle, et elles honoreront d'un culte filial l'Immaculée Marie, Mère de Dieu.

La deuxième fin, que le Vénérable Père propose à ses filles, c'est d'être les Nazaréennes du Verbe Incarné. Neuf fois par jour, en même temps qu'elles adoreront le Verbe Incarné, elle s'offriront en victimes « pour apaiser la colère de Dieu irrité contre leurs frères et contre leurs sœurs. »

. La troisième fin est l'éducation de la chère enfance de leur sexe pour l'amour du Verbe enfant. « Le divin Sauveur, sa très Immaculée Mère, la Sainte Eglise vous confient vos petites sœurs, leur dit-il, pour que vous leur serviez de vraies et tendres mères », les gardant « dans l'innocence baptismale et dans la crainte de Dieu. »

« La quatrième fin est le soin des pauvres qui sont malades et, cela, plus dans leurs chaumières que dans les hôpitaux », en s'occupant « encore plus des âmes de ceux qui vont partir pour l'autre vie, que des corps. »

« On pourra pourtant se charger de petits hôpitaux civils, parce qu'on peut y sauver des âmes. »

« D'après ces quatre fins, écrit le pieux fondateur, ce qui doit distinguer et caractériser les Filles du Verbe Incarné, c'est un profond respect, et un amour tendre envers notre bon Maître Jésus, et une piété vraiment filiale pour l'Immaculée Marie ; un esprit de pénitence et d'immolation comme victimes, un zèle ardent pour le salut des âmes, des enfants surtout ; et une compassion affectueuse envers les pauvres et surtout les pauvres malades. » Comme pour sa société de prêtres, les deux exercices fondamentaux seront l'adoration et la confession au Verbe Incarné.

Un lis pour le jardin des cieux.

La nièce du saint prêtre ne tarda pas à venir partager les travaux et les joies de cette petite troupe d'élite. Dirigée depuis longtemps par son oncle, elle tenait de lui son grand amour pour Jésus-Eucharistie et une tendre dévotion pour la Sainte Vierge. Pour augmenter encore cette dévotion et cet amour, elle reçut le nom de Marie du Saint-Sacrement. Elle se disposait à faire profession lorsqu'elle fut atteinte de la maladie qui devait la conduire au tombeau. Le Père Baudouin ne voulut pas qu'elle fût privée du bonheur de se donner à Jésus. Elle mourut, après avoir fait entre les mains de son oncle le vœu de virginité (1). Elle fut le premier lis que le divin Epoux cueillit pour le jardin des cieux.

Visite de l'évêque ; bénédiction féconde.

Durant deux ans, la petite Congrégation resta dans l'ombre ; il fallait être prudent ; la paix était revenue sans doute ; mais,

(1) Le Père Baudouin n'était encore autorisé à recevoir que ce seul vœu. L'époque difficile que l'on traversait exigeait cette extrême réserve.

après un tel bouleversement, la confiance
était longue à renaître. Et puis, des gens
sages selon le monde, tout en louant le zèle
du Père Baudouin, ne se gênaient pas pour
blâmer ce qu'ils appelaient sa témérité :
Comment un homme, qu'on disait prudent, avait-il pu songer à établir le siège
d'une Congrégation dans ce hameau inac-
cessible ! Ces critiques n'avaient pas été
sans faire impression sur Mgr Demandolx,
évêque de La Rochelle (1) ; aussi, avant
d'autoriser définitivement le nouvel Institut, désirait-il le voir de plus près et le connaître davantage. En 1804, il venait à Chavagnes ; cette visite mit fin à ses hésita-
tions. Il approuva, encouragea et bénit
l'humble société, loua ses œuvres, donna
à son fondateur pleins pouvoirs pour recevoir les trois vœux de religion et autorisa
l'usage d'un costume religieux. « Vivifiée
par la bénédiction de l'évêque, la Congrégation grandit et se développa tout à coup
comme une humble plante sur laquelle est
tombée la rosée du ciel (2). » Les sujets ac-

______

(1) Le Concordat de 1801 avait supprimé l'Evêché de
Luçon et rattaché son territoire à celui de La Rochelle.
(2) R. P. Michaud. *Op. cit.* page 213

La première Communauté des Ursulines de Jésus à Chavagnes.

courent ; l'humble plante va devenir un arbre et étendre ses rameaux.

En route pour les fondations.

Il faudrait un volume pour raconter les débuts héroïques de la petite société et faire le récit des fondations. Les fondatrices voyageaient à cheval, par les chemins défoncés de la Vendée, des Deux-Sèvres et des rives de la Loire. Quand le voyage devait être long, on prenait la voiture publique. Que de fois, à leur arrivée, les religieuses furent conduites dans des maisons délabrées, obscures et dépourvues des meubles et des objets les plus indispensables. Les traitements offerts étaient dérisoires ; et encore ces traitements de misère étaient-ils acquittés à des échéances qui dépendaient de la générosité des paroissiens ; mais, chose consolante, les élèves ne manquaient pas.

Il ne reste que la cloche à monter.

Souvent on promet monts et merveilles pour obtenir des sœurs. Hélas ! la réalité ne répond guère aux promesses. Citons ce brave M. Delaunay, curé de Thénezay, qui, sur le papier, loge les sœurs dans une maison toute meublée, leur paye les frais de voyage et verse entre leurs mains, la somme, importante en ce temps-là, de quatre cents francs : « Il ne reste plus, disait-il, que la cloche à monter. » Hélas ! quand les quatre religieuses arrivèrent, la maison s'était convertie en un taudis si obscur, qu'il fallait de la lumière en plein midi ; en fait de meubles, on fut tout heureux de trouver quatre misérables paillasses prêtées par des habitants charitables. On faisait la cuisine dans des ustensiles d'emprunt ; heureux quand la prêteuse ne venait pas les réclamer avant que les aliments fussent assez cuits pour être mangeables. Quant à la cloche, lorsque les sœurs prièrent la servante de M. Delaunay de la demander à son maître, celle-ci leva les bras au ciel : « Ah ! bonne sœur, dit-elle, vous ne pourrez l'avoir que dans un mois ; nous l'avons attachée au cou de notre vache qui est dans les bois et qui ne reviendra qu'à la Toussaint. » Ce n'était pas seulement la pauvreté, c'était la misère. Malgré tout, on était fort gai, l'amour de Jésus et l'union des cœurs rendaient les fardeaux légers ; le Vénérable Père et la Mère Saint-Benoît s'occupaient très activement des fondations nouvelles ; leurs conseils et leur encouragement maintenaient partout la ferveur et la générosité.

Les épreuves.

Pendant que le travail, la pauvreté et les privations de toute sorte éprouvaient le courage des sœurs dans les diverses fondations, une épreuve bien autrement cruelle s'abattait sur la Communauté et l'attaquait, en quelque sorte, au cœur. Coup sur coup, en 1810 et 1811, la maladie emporta plusieurs jeunes sœurs et plusieurs novices sur lesquelles la Congrégation fondait de grandes espérances. Nous ne saurions parler ici de toutes ces fleurs cueillies par le divin Maître avant d'être écloses. Mais nous nous en voudrions de passer sous silence la mort de sœur Aimée-de-Jésus et de sœur Marie du Saint-Esprit que Dieu entoura, à leurs derniers moments, de faveurs qu'il n'accorde qu'à ses saints.

Une enfant gâtée de la Sainte Vierge.

Sœur Aimée de Jésus avait fait profession entre les mains de Mgr Paillou, au mois de février 1809. Depuis lors, elle avait été placée à la tête du petit pensionnat de Chavagnes. Elle le dirigeait depuis un mois à peine, quand la maladie qui devait l'emporter l'attaqua soudain. Au mois d'octobre, on la fit transporter à l'infirmerie où, durant quatre longs mois, elle édifia la communauté par sa patience, sa soumission à la volonté de Dieu et son amour de la croix. Le 17 février, elle fit appeler une de ses sœurs : « Je mourrai demain, à neuf heures, lui déclara-t-elle. » — « Qui vous l'a dit ? » — « La Très Sainte Vierge. Elle a ajouté que je n'irai pas en purgatoire. Prévenez notre Père et notre Mère que je veux leur parler. » Le Père Baudouin craignit que ce ne fût une illusion : « Ma fille, lui dit-il, je ne crois pas que vous mouriez demain. Je reviendrai vous voir après la Sainte Messe. » Le lendemain, il était auprès de la malade avec la Mère Saint-Benoît, lorsque neuf heures sonnèrent : « Eh bien ! ma fille, neuf heures sonnent et vous ne mourez pas. » « — Mon Père, répondit la malade en souriant, ce sera pour ce soir, vous verrez. »

Malgré les souffrances qui augmentaient, la malade se plut à s'entretenir avec ses sœurs. Chacune donnait à la petite sainte ses commissions pour le ciel. Elle promettait d'être exacte à s'en acquitter.

Vers huit heures, elle tomba dans une sorte d'assoupissement et, comme elle en sortait : « Oh ! que c'est beau, que c'est beau ! dit-elle. » — « Que voyez-vous, lui demanda le Père Baudouin ? » Elle répéta : « Oh ! que c'est beau ! » — « Ce sont les cierges, ma fille, et la croix que vous voyez », lui répondit le bon Père qui redoutait les surprises de l'ennemi des âmes. La malade ne répondit rien ; elle ne voulait pas contredire celui qu'elle appelait le Père de son âme ; mais son visage tout pénétré d'une joie céleste disait assez qu'elle voyait autre chose. C'était bien le ciel qui se reflétait dans ses yeux et sur sa figure.

Vers neuf heures, elle demanda quelle heure il était. Elle prit son crucifix, le baisa, prononça les doux noms de Jésus et de Marie. Neuf heures sonnèrent ; sans effroi, comme une enfant qui s'endort, elle rendit sa belle âme à Dieu.

Une autre petite sainte. La fondation du ciel.

Sœur Marie du Saint-Esprit, Mlle Eugénie Blay, mourut aussi, au jour et à l'heure qui lui furent révélés par la Sainte Vierge, laissant à la Communauté, comme sœur Aimée de Jésus, les plus beaux exemples de vertus chrétiennes et d'esprit religieux. Les autres, sans être favorisées de dons aussi rares, mouraient avec la même paix et la même sérénité. C'était « la fondation du ciel. »

Ces morts édifiantes, loin de l'affaiblir, fortifiaient l'œuvre du Père Baudouin et c'étaient des protectrices que ces petites saintes de la « fondation du ciel. »

Elles la protégèrent si bien et la Congrégation prospéra de telle sorte qu'à la mort de la Mère Saint-Benoît, le 19 juillet 1828, elle comptait trois cent quinze sujets répartis en une trentaine d'établissements où deux mille enfants recevaient l'instruction chrétienne.

CHAPITRE VII

—

Un Séminaire à Chavagnes !

—

Le grain de Sénevé. — Des religieux missionnaires et professeurs. — Napoléon à Chavagnes. — La mort d'un Séminaire.

Visite pastorale à Chavagnes.
Tout à la joie.

L'arrivée de Mgr Demandolx, en 1804, dans l'humble bourgade de Chavagnes, n'était pas un événement banal. Déjà le retour des prêtres avait été comme le coin d'azur qui se fait jour dans un ciel encore chargé de nuages. La venue de l'évêque, c'était comme le soleil qui dissipe les dernières vapeurs de l'orage. Il n'y avait plus à en douter, la paix religieuse était affermie.

Aussi, quelle fête ! Toute la paroisse était sur pied. Dès l'aurore, des jeunes gens à cheval étaient partis pour faire escorte au prélat ; sur son chemin, à chaque village, les feux de joie s'allumaient ; l'enthousiasme éclatait dans des vivats sans fin ; les salves de fusils jetaient aux échos le bonheur de tous. Mais un spectacle, unique en ce temps-là, s'offrit aux yeux de l'évêque à l'entrée du bourg. Dans la magnifique procession qui venait à sa rencontre, s'avançait sur deux rangs un long cortège de fillettes et de jeunes filles vêtues de blanc. Plus loin, en tête des hommes, marchait un groupe important de jeunes gens dont la tenue parfaite indiquait une élite. Mgr Demandolx put s'en convaincre encore mieux, lorsque plusieurs de ces jeunes gens, sortant de leur place, vinrent lui souhaiter la bienvenue en latin et en français : « Qu'est-ce que tout ceci, demanda-t-il à son vicaire général ? » M. Paillou montra les enfants et les jeunes filles en blanc : « Voici les élèves du pensionnat et de l'école des sœurs. » Puis indiquant le groupe des jeunes gens : « Voici le Petit Séminaire de votre diocèse. »

Humbles débuts
d'un magnifique Séminaire.

Nous connaissons ce pensionnat et cette école ; mais, ce séminaire, comment se trouvait-il là ? Il faut, pour le comprendre, retourner en arrière jusqu'en 1801, à l'arrivée du Père Baudouin à Chavagnes.

Les deux jeunes gens, Placide Guinemand et Jean-Jacques Bruneteau, que nous avons rencontrés à La Jonchère, n'étaient pas seulement les aides du bon curé ; ils étaient ses élèves et se disposaient, sous sa direction, à l'état ecclésiastique. Nommé à la cure de Chavagnes, il ne les abandonna point ; il les invita à le suivre en sa nouvelle paroisse ; ceux-ci acceptèrent avec reconnaissance. L'année suivante, M. Lucet vint se joindre à eux. Tel fut l'humble début du Séminaire de Chavagnes, aujourd'hui l'un des plus prospères de France.

La classe à cheval.

Hélas ! les études devaient s'accommoder aux exigences du ministère paroissial. Mais le Père Baudouin consacrait à ses élèves tous les instants qu'il pouvait dérober

7*.

à ses multiples obligations. « Souvent
même, lorsqu'il allait aux malades, il les
faisait monter sur la croupe de son cheval,
et ils récitaient leurs leçons, expliquaient
leurs thèmes au pas de la paisible mon-
ture (1). »

Premier Séminaire ; premier professeur.

Malheureusement, ces instants étaient
trop courts ; les leçons n'étaient pas assez
suivies ; puis, les élèves augmentaient. Il
fallut au bon Père un suppléant. Dieu le
lui offrit dans la personne de M. Fleurisson.

Jean-Baptiste Fleurisson était né en 1765 ;
il avait été condisciple du Père Baudouin au
Séminaire de Luçon. Là, les deux jeunes
gens s'étaient liés d'une de ces amitiés sur
lesquelles ne mordent ni le temps, ni l'ou-
bli. M. Fleurisson n'était pas encore dans
les ordres lorsque la Révolution vint inter-
rompre ses études et l'obligea à renoncer à
la carrière ecclésiastique (2). Il serait dif-

(1) R. P. Michaud, *op. cit.*, p. 155.

(2) Guidé par son saint ami, M. Fleurisson sera or-
donné prêtre en 1807.

ficile de dire la joie des deux amis de se revoir après de si grands bouleversements. M. Fleurisson, celui que le Père Baudouin appellera son cher Fleuri, sera le premier professeur du premier petit Séminaire qui ait existé en France après la Révolution. Le Père Baudouin se déchargea sur lui des humanités ; il conserva les cours de théologie, philosophie, Ecriture Sainte et histoire ecclésiastique (1).

D'autres professeurs furent bientôt nécessaires, car les élèves augmentaient toujours et M. Fleurisson, chargé à la fois de l'instruction primaire et des humanités, ne pouvait suffire à la tâche.

Piété, travail, discipline.

Voilà donc le séminaire que trouva Mgr Demandolx dans sa visite à Chavagnes. Ce fut une joie pour lui de constater la prospérité de cette institution. Il admira sans réserve l'ordre, la discipline paternelle mais ferme, l'amour du travail et surtout la

---

(1) Les humanités sont les études qui se font aujourd'hui dans les classes supérieures des petits séminaires. Les matières dont il est parlé à la suite sont étudiées dans les grands séminaires.

piété qui régnait parmi les élèves. Il en félicita vivement le Père Baudouin. Les critiques parvenues à La Rochelle sur les œuvres du Curé de Chavagnes tombaient d'elles-mêmes.

On reparle de la Congrégation de prêtres.

Les félicitations de l'évêque étaient pour le Vénérable Supérieur et pour ses coopérateurs un encouragement précieux. Cependant le bon Père attendait encore l'approbation du prélat pour un autre projet, d'une importance capitale à ses yeux ; il avait fondé un séminaire ; les élèves étaient nombreux ; restait à lui assurer, pour le présent et pour l'avenir, un corps de professeurs choisis. Il avait sous la main des prêtres vertueux ; chez plusieurs, il avait constaté un grand zèle pour le salut des âmes et un ardent désir de leur propre perfection : Quelques-uns de ses élèves montraient de l'attrait pour la vie religieuse. N'était-ce pas le moment de développer sa Congrégation de prêtres dont le but était de travailler au salut des âmes dans l'enseignement, dans les missions et même dans le ministère paroissial ?

Car elle n'était plus à fonder, sa Congrégation. Elle ne comptait, il est vrai, que deux membres : le Père Baudouin et son digne ami, M. Lebédesque, qu'il appelait « mon Père » et à qui il demandait les permissions à genoux. Mais, il ne voulait rien entreprendre sans l'assentiment de son évêque.

Approuvé !

Les résultats obtenus par la Congrégation des Ursulines de Jésus, la fondation et le développement rapide du Séminaire étaient, pour le passé, une preuve de la prudence et du savoir-faire du Père Baudouin et, pour l'avenir, une garantie de l'impulsion qu'il était capable de donner à l'œuvre si bien commencée. Puis, l'idée de consolider le Séminaire et de le mettre entre les mains de prêtres, qui joindraient, à la science et aux vertus sacerdotales, l'immense force et les vertus des trois vœux de religion, souriait au saint évêque. La nécessité des missions lui apparaissait d'autant mieux que la visite de son diocèse lui avait permis de sonder les plaies faites à l'Eglise

par la terrible Révolution. Il comptait sur
ces religieux missionnaires pour hâter le
retour à Dieu des familles et des paroisses.
Aussi ne ménagea-t-il pas ses encouragements ; il pressa même vivement le Vénérable Père de mettre son projet à exécution.
En partant de Chavagnes, Mgr Demandolx
laissait le Père Baudouin supérieur du Séminaire et le confirmait dans cette fonction avec charge d'organiser et de développer cette école cléricale ; il le nommait supérieur de la nouvelle Congrégation et lui
donnait tous pouvoirs pour mener ces œuvres à bien.

Premiers Novices.

L'approbation de son évêque donna au
Père Baudouin une ardeur toute nouvelle.
Sans tarder, de fervents ecclésiastiques
commencèrent, sous sa direction, les exercices de la vie religieuse, et, après les deux
années fixées pour la durée du Noviciat,
les disciples du Vénérable Père se consa-
crèrent au Verbe Incarné, sous la maternelle protection de Marie.

Entre les premiers prêtres que l'on peut

compter parmi les aînés des Fils de Marie
Immaculée, nous devons citer, immédiatement après M. Lebédesque, M. Pérocheau
qui sera plus tard évêque de Maxula et vicaire apostolique du Su-Tchuen méridio-
nal ; M. Couperie qui fut, dans la suite,
évêque de Babylone ; M. Bizet, depuis supérieur des Missionnaires de Saint-Fran-
çois de Sales, à Nantes. Mais aucun n'est
plus cher au cœur des Fils de Marie Immaculée que M. Monnereau, *le Saint Curé des
Brouzils*, qui fondera, avec les conseils et
les encouragements du Vénérable Père, la
Congrégation des Sacrés-Cœurs de Jésus et
de Marie. Le Vénéré Père Monnereau est,
d'ailleurs, doublement leur frère aîné, puisque, deux mois environ avant sa mort, il
voulut renouveler ses vœux entre les mains
du Père Baizé, son directeur et saint ami (1).

(1) *La religieuse des Sacrés Cœurs*, biographe du Vénéré Père Monnereau, n'a pas manqué de consigner ce
fait important : « Dans ce même temps, dit-elle, le Curé
des Brouzils qui avait toujours vécu en religieux, voulut reprendre ses engagements dans la Congrégation
du Père Baudouin, à laquelle il avait appartenu autrefois. On lit sur les registres de cette Congrégation, à la
date du 3 février 1856, que le Conseil accueillit avec
une vive satisfaction la demande qu'il fit d'être de nouveau inscrit parmi les membres de la Société, que c'était
pour elle un très précieux avantage. »

Où était donc le Séminaire ?

Une autre question, cependant, retenait depuis quelques mois l'attention du Vénérable Supérieur et il jugeait urgent de la résoudre. A entendre parler de sections d'Humanités et de section de Théologie, à l'énumération de tant de matières diverses, on se figurerait volontiers les élèves logés dans un édifice spacieux, dans le genre de ceux qui abritent aujourd'hui la jeunesse de nos séminaires. A Chavagnes, rien de cela ; le Séminaire était un peu partout et n'était nulle part. Les élèves logeaient dans les familles chrétiennes du bourg et se réunissaient, aux heures des classes, chez M. Fleurisson. Il faut bien avouer que cet état de choses n'allait pas sans inconvénients. La formation, d'autre part excellente, se ressentait du manque de régularité et de l'absence de la vie commune. D'ailleurs, le nombre des élèves croissait toujours ; les habitants de la petite bourgade ne pouvaient plus les loger. Il fallait un local.

Il faut construire. Six francs en caisse.

Le Père Baudouin pria les religieuses de lui céder l'ancien presbytère pour y loger ses élèves. Elles s'y prêtèrent de bonne grâce. Bientôt cette maison était insuffisante ; il fallait construire.

Or le pauvre Supérieur n'avait que six francs dans sa bourse ; néanmoins, il n'hésita pas un instant. Il fit venir le maître maçon : « Mon ami, lui dit-il, je n'ai pas un écu ; mais allez, travaillez en toute assurance ; je vous payerai à mesure que l'ouvrage avancera ; je compte sur les fonds de la Providence ; comptez-y comme moi. » Sa confiance fut récompensée ; les travaux étaient à peine commencés, qu'une personne généreuse lui apporta un millier de francs.

Le bon Supérieur.

Les œuvres extérieures n'absorbaient pas, loin de là, toute l'activité du Père Baudouin ; la direction du Séminaire était son principal souci. A son contact, les âmes des élèves se formaient de plus en plus à l'amour de Dieu et de la Sainte Vierge. Sa parole suave et pénétrante, son regard franc et profond subjuguaient tous les cœurs. Une remontrance était-elle nécessaire, il y mettait une douceur si paternelle et paraissait si peiné que, bien loin d'aigrir le coupable, elle l'excitait au regret de sa faute et le poussait aux nobles résolutions.

Le bon Père était d'ailleurs porté à l'indulgence et n'admettait les punitions que pour les élèves rebelles à tous les conseils et inaccessibles aux sentiments généreux. Les natures ouvertes et droites le désarmaient. Au travers de l'indiscipline de certains tempéraments trop ardents, il savait découvrir les ressources de courage et d'énergie et les tourner vers le bien.

Engagez-vous dans la milice du Roi du ciel.

Un des premiers élèves de rhétorique avait mérité, à la fin de l'année, une sévère réprimande ; il alla trouver le Père Baudouin et lui dit : « Monsieur le supérieur, si les mauvaises notes qui m'ont été données doivent parvenir à ma famille, je vais à Nantes m'engager ; je ferai mon chemin

Le Séminaire de Chavagnes.

dans l'état militaire et j'y mourrai avec honneur. Si, au contraire, vous envoyez à mes parents un témoignage avantageux, je rentrerai à la maison ; les vacances passées, je reviendrai et je vous promets que vous n'aurez plus aucun reproche à m'adresser. » — « Mon fils, répondit le bon Père, sûr de la loyauté du jeune homme, vos parents auront sur votre compte des notes favorables. Revenez vous engager dans la milice du Roi du ciel, vous y ferez mieux votre chemin qu'au service de l'empereur. » Le Père Baudouin ne s'était pas trompé ; le jeune homme n'eut qu'une parole, il devint prêtre et mourut dans la Compagnie de Jésus (1).

M. Lebédesque, curé de Chavagnes.

A voir le soin qu'apportait le saint prêtre à la direction du Séminaire et le travail qu'il y faisait, on aurait cru qu'il n'avait pas d'autre charge. Il était pourtant encore supérieur de sa Communauté de religieuses, supérieur de la Congrégation naissante de

(1) Ce jeune homme était le futur Père Ecarlat.

prêtres et restait toujours curé de Chavagnes. Le fardeau était trop lourd ; il obtint
de Mgr Paillou (1) de résigner sa cure. Le
nouvel évêque y consentit, il voulut même
lui donner une preuve de sa bienveillance :
il nomma à la cure de Chavagnes le plus
fidèle ami du bon Père, M. Lebédesque.

Il faut construire encore.
Quarante mille francs de dettes !

Dès lors, le Père Baudouin se donna tout
entier à ses deux œuvres de prédilection : le
Séminaire et la Communauté de religieuses. Le Séminaire prospéra si bien entre les
mains de la Congrégation des Fils de Marie qu'en 1805, il comptait trois cents élèves. Il fallut agrandir encore.

Le Père Baudouin avait peu d'attraits
pour les affaires matérielles ; il chargea
donc son professeur de mathématiques de
faire un plan et de le réaliser. Le bon M.
Guibert, la craie ou la plume en main,
était un savant ; sur le terrain pratique, il

____

(1) Mgr Demandolx, ayant été nommé à l'évêché
d'Amiens, M. Paillou avait été appelé à lui succéder
sur le siège de La Rochelle.

se montra d'une infériorité manifeste. Il
construisit un amas informe, presque inha-
bitable, et fit quarante mille francs de dettes. A force d'économies, le bon Père réussit à en payer dix mille ; restaient trente
mille francs à trouver ! « Comment, bon
Père, pouvez-vous être si tranquille avec
une pareille dette, lui dit un jour un professeur du Séminaire ? » — « Mon ami, répondit-il, c'est pour Dieu que je l'ai con-
tractée : c'est son affaire de me tirer de là. »

Voilà mes trente mille francs !

Quelque temps après, le même professeur était dans la chambre du Père Baudouin. Tout à coup la sonnette de la porte
s'agite avec une vivacité inaccoutumée ;
la porte s'ouvre. De sa chambre, le Supérieur entend une vive altercation. Il ouvre
sa fenêtre : ce sont deux hommes en haillons auxquels le concierge prétend interdire l'entrée du Séminaire. Le Père Baudouin ordonne de les laisser passer. Huit
ou dix autres se précipitent sur les pas des
premiers. C'était une troupe d'anciens soldats qui revenaient des prisons d'Angleter-

re, à pied, sans le sou, sans habits et sans pain. Le bon Père frappe dans ses mains ; tout rayonnant de joie, il se tourne vers le professeur et s'écrie : « Voici mes trente mille francs qui m'arrivent. » Il a bientôt fait de descendre ; il les embrasse, met pour eux ses propres meubles au pillage et va quêter chez les professeurs. Il les habille, les soigne comme un père pendant trois jours pour leur permettre de se reposer, et, à leur départ, remet à chacun une aumône pour le voyage.

Quelques jours plus tard, sur le soir, le Père Baudoin vit entrer dans sa chambre un inconnu qui lui présenta trente mille francs pour payer sa dette : « Vous me les rendrez quand vous pourrez ; si vous ne pouvez me les rendre, je vous les abandonne. » De là, sans doute, le bruit qui courut alors, qu'un ange était venu lui apporter de quoi payer sa dette. Toujours est-il que la Providence avait une fois de plus tiré d'embarras son serviteur.

« *La bonne Providence.* »

Il avait en Elle une confiance sans borne. L'économe du Séminaire vint lui dire un jour : « Savez-vous, mon Père, que je n'ai plus en caisse que six francs ? » — « Mon fils, lui dit-il, donnez vos six francs aux pauvres et soyez sans inquiétude. Dieu prendra soin de nous ; Dieu n'est-il pas notre Père ? »

Napoléon à Chavagnes.

Dans le cours de l'année 1808, eut lieu un évènement plein de belles promesses qui se changèrent bientôt, hélas ! en calamités pour le pauvre Séminaire. Napoléon, venant de Bordeaux, traversa une partie de la Vendée ; il ne lui déplaisait pas de parcourir ce pays des « Géants. » Le supérieur réunit ses élèves au village de La Chardière, ou bientôt tout Chavagnes, attiré par la curiosité, se trouva rassemblé. L'Empereur, annoncé pour cinq heures, n'y passa qu'à la nuit.

A l'instigation du Père Baudouin, chacun des élèves se munit d'un flambeau ; la foule en fit autant : « Qu'est-ce que ceci, demanda l'empereur en apercevant cette illumination mouvante ? » — « C'est, lui répondit-on, le Séminaire de La Rochelle. » — « Faites venir le supérieur et le maire. » Hélas ! monsieur le maire, un brave tisserand nommé Driot, n'était guère en état de se présenter devant Sa Majesté. Comme il avait oublié son écharpe, on le para d'une ceinture d'enfant de chœur. Mais l'idée de se présenter devant l'Empereur et les efforts dépensés pour apprendre son petit discours de bienvenue avaient mis notre brave maire sens dessus dessous ; il crut bien faire, pour se donner du ton et de l'aplomb, de vider force verres à la santé de l'Empereur. Il en prit un peu trop, sans doute, car discours et cérémonial s'enfuirent de sa pauvre mémoire. Aussi, malgré les instances des officiers de la garde qui lui criaient : « Trottez, monsieur le maire » il refusait de paraître. Le Père Baudouin jugea plus prudent d'inviter le médecin de Chavagnes à tenir la place du maire « empêché. »

Napoléon se montra fort surpris de trouver, au fond de cette campagne, un établissement aussi prospère. Il s'informa du nombre des élèves, de celui des professeurs, du genre d'enseignement qu'on y donnait. Le supérieur, après avoir répondu en peu de mots aux questions de l'Empereur, allait se retirer, lorsque Napoléon ajouta : « Mais, vous ne me demandez aucune grâce ? » — « Sire, je n'osais. » — « Osez. » — « Eh ! bien, soit ; nos élèves sont nombreux, et nos logements étroits ; il nous faudrait un autre bâtiment. » — « J'accorde cent mille francs pour le bâtir. » Un cri de « Vive l'Empereur ! » répondit à cette généreuse promesse qui, malheureusement, ne se réalisa jamais.

Décrets tyranniques.
Fermeture du Séminaire de Chavagnes.

Quelque temps après son passage à Chavagnes, Napoléon décréta que les 100.000 francs promis seraient affectés à la construction d'un séminaire à Napoléon-Vendée (1).

La déception du Père Baudouin ne fut

(1) C'était le nom que portait la ville de La Roche-sur-Yon au temps de Napoléon. Sous la Restauration elle s'appela Bourbon-Vendée.

pas bien grande ; il comptait beaucoup plus
sur le secours de Dieu que sur les largesses
des puissants. Mais la pensée de transplan-
ter son œuvre lui fendait le cœur. Aussi,
lorsque les architectes du département vinrent lui soumettre les plans du séminaire
projeté, il leur répondit avec fermeté :
« L'Empereur m'a accordé les fonds pour
bâtir à Chavagnes et non pas à Napoléon-
Vendée, où je n'ai nulle envie de transporter mon établissement. »

Ce décret, d'ailleurs, ne fut pas exécuté.
Napoléon était en ce moment absorbé par
les événements d'Espagne et par la guerre
d'Autriche ; il remit à plus tard l'exécution de son projet et le Séminaire resta à
Chavagnes jusqu'en 1811. Mais en 1811,
l'Empereur décida qu'aucun séminaire ne
pourrait être établi à la campagne et que
les écoles ecclésiastiques devaient être trans-
férées dans les villes, où leurs élèves sui-
vraient les cours des lycées et des collèges.

Mgr Paillou fut contraint d'obéir à cette
ordonnance tyrannique. Il décida que les
élèves de théologie seraient dirigés vers la
Rochelle. Quant aux élèves d'humanités, il
résolut de les envoyer à Saint-Jean-d'Angély.

CHAPITRE VIII

—

Le Grand séminaire de La Rochelle

———

Le bon Supérieur. — La mort d'une Congrégation. — Les apôtres de la Saintonge.

Triste fête.

Le 23 juin 1812, sans aucune solennité, au milieu de la tristesse la plus profonde, eut lieu la dernière distribution des prix du Séminaire de Chavagnes. Maîtres et élèves avaient des larmes aux yeux. Le moment des adieux fut déchirant.

La consternation régnait dans la petite bourgade, et ceux qui avaient vécu les sombres jours de la Révolution se demandaient avec angoisse où conduiraient ces mesures despotiques. Comme autrefois, on volait les biens d'église (1). L'empire de-

(1) L'article 30 du décret impérial était ainsi conçu : « Toutes les maisons — et meubles — des écoles ecclé-

8*.

viendrait-il, lui aussi, oppresseur des consciences et persécuteur de la Religion ?

La Rochelle ou Chavagnes.

Qu'allait faire le Père Baudouin ? Mgr Paillou, sans lui donner d'ordre formel, le pressait de suivre son œuvre à La Rochelle et lui faisait savoir qu'il comptait sur lui. Mais la pensée d'abandonner ses filles, au moment où elles avaient tant besoin de sa direction, le remplissait d'inquiétude. Il ne leur avait pas encore donné de règles écrites ; que deviendraient-elles sans ses conseils ? L'obéissance aux désirs de son évêque l'emporta pourtant ; il écrivit à Mgr Paillou pour se mettre à sa disposition. Quelques jours plus tard, il se rendait à La Rochelle.

Pour diriger les sœurs.

Pour diriger les Ursulines, il laissait à Chavagnes un autre lui-même, animé du même esprit et rempli du même zèle pour

siastiques qui ne seront pas conservés seront saisis par l'Université pour être employés dans des établissements d'instruction publique. »

La Rochelle.

la gloire de Dieu. C'était M. Fleurisson, celui que la voix du peuple appelait « le saint homme. » Sachant sa Congrégation en bonnes mains, le Père Baudouin s'éloignait de Chavagnes le cœur plus à l'aise. D'ailleurs, il demeurait toujours le supérieur de ses filles.

A La Rochelle.
Aménagements. Une bonne partie de palets.

Sitôt arrivé à La Rochelle, il s'occupa de la transformation de l'ancien couvent des prêtres de l'Oratoire, où devait se loger le Grand Séminaire. Il y avait de grands travaux à exécuter et il ne restait que quinze jours avant l'ouverture des classes. Plutôt que de retarder la rentrée, le Père Baudouin résolut de presser le travail.

Il avait sa manière à lui de faire marcher son monde. Il réunit les ouvriers, leur fit part de ses ennuis ; puis : « Mes amis, leur dit-il, en remettant à chacun une pièce de cinq francs, il faut que nous fassions une partie de palets. » Ce disant, il lance une pièce à une certaine distance. Chacun joue de son mieux. Quand ils ont tous lancé leur précieux palet : « Mes enfants, dit-il,

ne vous disputez pas, vous avez tous gagné. Ramassez les pièces et buvez un coup
à ma santé. » En réalité c'était lui qui avait
gagné... l'amitié de ces braves gens. Aussi
se seraient-ils mis en quatre pour lui faire
plaisir. La maison fut prête au jour dit et
quatre-vingts séminaristes vinrent s'y ins-
taller.

Marie toujours Reine et Mère aimée.

Le premier acte du Supérieur fut de consacrer ce Grand Séminaire à la Vierge Immaculée qu'il proclama Reine et Patronne
de l'établissement ; et pour affermir à jamais son culte, il décida que tous les exercices commenceraient par cette invocation : « *Benedicta sit sancta et immaculata
Conceptio Beatissimæ Virginis Mariæ, matris Dei. — Bénie soit la sainte et immaculée Conception de la bienheureuse Vierge
Marie, Mère de Dieu.* »

Encore le bon Supérieur
et... ses « petits cadeaux. »

Dire avec quelle joie les séminaristes re-
trouvèrent leur supérieur vénéré serait

chose impossible. Aussi, sous sa direction, la piété et les études ne se ralentirent point au Grand Séminaire de La Rochelle. Hélas ! la situation pécuniaire était loin d'être aussi brillante ; l'aménagement de la maison avait épuisé les ressources. Les séminaristes n'étaient pas sans en souffrir. Mais, répondant au conseil du Père Baudouin, ils acceptaient en esprit de pénitence les sacrifices qu'imposait cet état de choses.

Le bon Supérieur veillait cependant à ce que chacun eût le nécessaire. « Venait-il à toucher une partie de ses honoraires, il quittait sa chambre à petit bruit, allait frapper doucement à la porte de quelques séminaristes et ne rentrait qu'après s'être débarrassé de cet argent qui lui brûlait les mains (1). »

Non content de payer, en tout ou en partie, la pension des plus pauvres, il trouvait encore le moyen de leur faire de « petits cadeaux. » « Un jour, écrit un ancien séminariste de La Rochelle, il me fit appeler dans sa chambre, où je me rendis tout de suite. Dès que je fus entré : « Mon fils, me

(1) R. P. Michaud, *op. cit.*, p. 273.

dit-il, je veux vous acheter une soutane. Voilà quatre-vingts francs », et pour arrêter toute espèce d'observations que, sans doute, il prévoyait, il me congédia en alléguant des occupations importantes. »

« Voyant un jour ma petite bourse épuisée, raconte à son tour un autre séminariste, je me décide à recourir à la générosité du bon Père. Le saint prêtre accueille ma demande avec sa bonté ordinaire et dépose trente francs dans ma main. Je vous avoue que je fus bien confus en portant les yeux sur une pareille somme. Mais le sourire du bon Père était si doux, l'expression de son visage si heureuse que tout refus était impossible. »

Vicaire général.

En 1813, il fut nommé Vicaire général, honoraire d'abord, puis bientôt titulaire. En lui conférant ce titre, l'évêque lui disait délicatement : « Monsieur le Supérieur, je ne vous donne rien, j'acquitte la dette du diocèse. »

Cette nouvelle charge vint ajouter au travail que lui donnait la direction du Séminaire. Et cependant, il s'arrangeait encore pour être le conseiller de plusieurs Communautés dont il était le Supérieur ecclésiastique, dirigeait de loin le Petit Séminaire de Saint-Jean-d'Angély, en fondait un à Luçon et un autre à la Garnache, et sa correspondance avec les Religieuses de Chavagnes prouve bien qu'il ne les négligeait pas.

Une école cléricale à Chavagnes.

La joie que lui causait la prospérité de ces nouveaux établissements ne lui faisait pas perdre de vue le projet, toujours caressé, de rétablir à Chavagnes un Petit Séminaire. Chavagnes, c'était le bocage vendéen, pays de foi profonde, riche en vocations sacerdotales ; sa Congrégation de prêtres réclamait une maison de formation pour les nouvelles recrues, un point de ralliement pour les membres dispersés dans les différents ministères des âmes, un centre de vie religieuse où ils viendraient, de temps à autre, se retremper dans l'esprit de la Société ; enfin, les religieuses croissaient en nombre et le curé de Chavagnes ne suffisait plus à leur procurer les secours spirituels ; le Vénérable fondateur comptait sur les prêtres de cette école pour les leur offrir. Mais, dans un tel temps, il fallait user de prudence ; on se contenta d'ouvrir un petit collège, sans titre défini. En réalité, c'était une école cléricale (1).

Une procession chaque samedi.

Le petit Collège bénéficia, dès sa naissance, de la faveur dont avait joui le premier établissement. Les prêtres sortis de « Chavagnes » furent tout heureux d'adresser au nouveau Séminaire les enfants chez lesquels ils avaient reconnu des marques de vocation. Le Vénérable Père plaça ce « petit établissement » sous la protection de Marie Immaculée. En conséquence, il arrêta que, chaque samedi, on ferait une procession en l'honneur de la Reine du ciel, pour obtenir, par sa puissante intercession, qu'il ne se commît aucune faute grave durant la semaine suivante.

(1) Ceci se passait vers 1815 ; ce n'est qu'en 1829 qu'une ordonnance royale permit l'érection du petit collège de Chavagnes en Petit Séminaire.

Coup de foudre ! Résignation.

Ainsi prospéraient les œuvres fondées par le Père Baudouin ; sa société de prêtres religieux se développait, lorsque, au mois d'avril 1818, des dénonciations fausses et calomnieuses parvinrent à l'évêché de La Rochelle sur le compte du Vénérable fondateur et de son œuvre. Dieu permit, sans doute pour éprouver son serviteur, que Mgr Paillou ajoutât foi à ces calomnies. Il fit paraître une ordonnance en règle, aux termes de laquelle il dissolvait la congrégation des Fils de Marie Immaculée et annulait leurs vœux.

Le Père Baudouin reçut ce coup comme les saints reçoivent les grandes épreuves, avec humilité et soumission. Pas une parole de plainte ne sortit de sa bouche. Le premier Fils de Marie qu'il rencontra fut M. Lucet, curé de Chavagnes. Il se contenta de lui dire simplement : « Mon fils, vous êtes libre, Monseigneur a rompu les vœux qui se faisaient dans la petite Société. » Mais son cœur était brisé.

Le dénonciateur n'avait pas prévu des conséquences si graves ; il ne tarda pas à

pleurer sa faute. L'évêque comprit bientôt
qu'il s'était laissé tromper au sujet du saint
prêtre ; il regretta d'avoir prononcé la dis-
solution d'une Congrégation dont son diocèse avait tiré tant d'avantages. Il n'attendit que l'occasion pour donner au Père
Baudouin une marque sensible de ce regret.

Les missionnaires de Saintonge.

Cette occasion se présenta bientôt. L'un
des professeurs du Grand Séminaire de La
Rochelle, le Père Ecarlat, désirait se consacrer à la conversion des pécheurs, tout
spécialement dans la Saintonge. Il en parla
au Père Baudouin et demanda les lumières
de ses conseils. Le bon Père voulut consul-
ter le ciel dans des prières ardentes. Au
bout de quelques jours, il fit venir son disciple : « Mon fils, lui dit-il, Dieu le veut.
Exposez à Monseigneur le dessein que la
grâce vous inspire. Je vous promets de vous
seconder de tout mon pouvoir. »

L'évêque approuva le projet et, peut-être
dans l'espoir secret de fournir au Vénérable
Père l'occasion de reconstituer sa Société, il

le chargea de tracer, pour les apôtres de Saintonge, un règlement de vie. Le Père Baudouin le traça de cette main sûre et expérimentée qui avait édifié tant d'œuvres utiles à l'Eglise. Ce « code des missionnaires », en usage encore aujourd'hui chez les Fils de Marie Immaculée, révèle à fond l'âme apostolique du Père Baudouin : il veut des missionnaires « doux et humbles toujours, aimables toujours », des « pêcheurs qui jettent l'appât et non des chasseurs qui tuent. » Je prie Notre-Seigneur, y disait-il, qu'il vous donne la vérité et la réalité de l'esprit apostolique. Qu'il le répande sur vos cœurs avec abondance. »

Ce coquin est arrivé avant moi !

Le P. Ecarlat et ses compagnons d'apostolat avaient espéré que le Père Baudouin serait leur supérieur ; il n'en fut rien. Ils en éprouvèrent une grande déception. L'un des « missionnaires », M. Vicardière, recevait le bon Père à son retour de la Flocellière où il était allé présenter à l'évêque le projet du Père Ecarlat et de ses compagnons : « Bon Père, dit-il, en se jetant dans ses bras, aurons-nous le bonheur de vous avoir à notre tête ? » — « Non, mon cher fils, le seigneur évêque en a décidé autrement. » — « Eh bien ! réplique M. Vicardière cruellement déçu, point de supérieur, point de missions. » — « Je m'en défiais, reprend à son tour le Père Baudouin d'un air désappointé, ce coquin-là est arrivé avant moi. » — « Quel coquin, bon Père ? » — « Sur ma route, j'ai rencontré un monstre horrible qui m'a accosté en me disant : « Où allez-vous ? » — « A La Rochelle. » — « Et pourquoi faire ? » — « Je vais consoler et encourager le bon M. Vicardière qui se dispose à évangéliser les pauvres Saintongeais. » — « Oh ! oui, je vais moi aussi à La Rochelle et je serai rendu avant vous. J'empêcherai bien ce prêtre d'aller *missionner* dans la Saintonge. » — « Voilà, mon fils, ce que m'a dit le démon. » M. Vicardière comprit, resta ferme dans sa résolution et ce fut lui qu'on nomma supérieur des missionnaires de Saintonge.

Vivent les missions. Dix ans de vie.

Le 21 novembre 1820, les missionnaires venaient se jeter à ses pieds et lui demander sa bénédiction : « Allez, leur dit-il en étendant la main sur leur tête, allez, mes enfants, avec courage ; hâtez-vous de recueillir le reste des élus. Pendant dix ans, vous ferez beaucoup de bien, vous serez dispersés ensuite. » Il ne cessait de les encourager dans leurs travaux apostoliques. Au Père Ecarlat, que la lenteur et le petit nombre de conversions déconcertaient, il écrivait : « Si les missions faisaient peu de bien, le roi de l'abîme, avec ses suppôts, ne serait pas si furieux. Ah ! mon fils, vivent les missions ! Dans nos mauvais jours, c'est une de nos grandes ressources, l'ennemi le voit ! J'aimerais vous voir mourir de fatigue dans une mission, plutôt que de vous voir vivre longtemps dans une paroisse. C'est ainsi que je vous aime. »

Ces vaillants missionnaires firent du bien, et beaucoup. Malheureusement la prédiction du Vénérable Père se réalisa : la Société fut dissoute dix ans après exactement, le 22 septembre 1830.

Mais à ce moment-là, le Père Baudouin n'était plus à La Rochelle,

CHAPITRE IX

—

En Vendée !

———

Le Grand Séminaire de Luçon. — Le Séminaire de Chavagnes et la Congrégation des Fils de Marie Immaculée ressuscitent. — La mort d'un saint.

Retour à Luçon.

Le siège épiscopal de Luçon avait été rétabli par un concordat passé entre le Souverain Pontife et Louis XVIII. Mgr Soyer, nommé à ce siège dès 1817, put enfin en prendre possession, en 1821. Il paraissait naturel que le Père Baudouin revînt en Vendée. Mais Mgr Paillou en jugeait autrement. Il aimait le Père Baudouin ; il avait remis entre ses mains les œuvres vitales de son diocèse ; d'autre part, le bon Père avait la confiance de tout le clergé. De son côté, Mgr Soyer, arrivant dans un diocèse nouveau, comptait sur l'expérience du Père Baudouin pour mettre en mouvement les rouages compliqués d'une administration encore nouvelle dans l'art de gouverner. Quelque décision qu'il prît, le Père Baudouin devait mécontenter l'un des deux évêques. Son cœur hésitait entre les deux diocèses ; ce fut la Vendée qui l'emporta. Il quitta, la mort dans l'âme, la « pauvre Rochelle » et la chère « Saintonge. »

Chanoine. Vicaire général. Supérieur du Grand Séminaire.

Le nouvel évêque de Luçon le combla des marques de sa confiance et de sa haute estime. Il le nomma chanoine de la cathédrale, supérieur du Grand Séminaire et vicaire général du diocèse. Il le chargea même de prendre possession, en son nom, du siège épiscopal, le 1er novembre 1922.

La besogne ne manqua pas au saint prêtre, à tel point qu'il écrivit alors : « Ce pauvre Baudouin est très heureux de trouver le temps de dire sa messe et son bréviaire ; » mais « on fait de la bonne besogne. »

Un petit séminaire aux Sables.

Comme si la « besogne » du Grand Séminaire et de l'évêché n'avait pas suffi, une autre tâche vint s'ajouter à la somme écrasante de travail qu'il fournissait. Le Petit Séminaire était toujours à Luçon, logé dans le palais épiscopal. Les quelques appartements laissés à Mgr Soyer étaient tout à fait insuffisants pour les besoins de l'administration diocésaine. L'évêque résolut de transporter le Petit Séminaire aux Sables-d'Olonne, dans l'ancien couvent des Bénédictins. Ce fut encore le Père Baudouin qu'il chargea de l'aménagement. Les élèves y entrèrent à la Toussaint 1822 et, dans une lettre du 2 décembre, Mgr Soyer écrivait : « L'école ecclésiastique des Sables-d'Olonne, qui est ouverte depuis un mois seulement, a déjà des succès que l'on n'obtient qu'après plusieurs années. »

Les Infirmités !

Tant de travaux, de si lourdes charges avaient affaibli la santé du Vénérable Père. Il ne remplissait ses fonctions de supérieur du Grand Séminaire qu'au prix d'efforts souvents héroïques. Il craignit que, ses infirmités augmentant, il ne pût s'en acquitter avec assez d'exactitude. Il pria donc Mgr Soyer de le décharger d'un fardeau que ses épaules ne pouvaient plus porter. L'évêque, se rendant aux raisons du Père Baudouin, accepta, bien à regret, sa démission.

Le Vénérable Père passa trois ans chez son neveu, le curé de Luçon ; là, il fut le conseiller d'une multitude d'âmes et le directeur d'un grand nombre de prêtres.

Le bon Père dans son Chavagnes aimé.

Mais en 1828, la mort de la Mère Saint-Benoît mettait le deuil dans la famille des Ursulines de Jésus et privait la Congrégation des conseils et des exemples de la Vénérée Mère Fondatrice. Sur les instances de ses filles, le Vénérable Père vint donc se fixer à Chavagnes, entre le Petit Séminaire et sa Communauté de Religieuses qui avait tant besoin de ses lumières et de ses consolations dans l'épreuve qu'elle traversait.

La « petite Société » ressuscite.

Les Professeurs du Petit Séminaire le virent arriver avec bonheur, le reçurent comme un Père bien-aimé et lui confièrent bientôt la direction de leur âme. Le bon Père aimait à les réunir pour leur parler des choses du ciel. « Or il se trouva qu'un jour, sur la fin de 1828, se voyant entouré de jeunes professeurs qui avaient placé en lui leur entière confiance, le saint vieillard dévoila à leurs yeux toute sa pensée ; il leur parla de cette société qu'il avait entrevue aux jours déjà lointains de l'exil, dont il avait mûri le plan et tracé la règle dans sa cachette des Sables ; il leur rapporta les différentes tentatives qu'il avait faites pour réaliser son dessein, les obstacles qu'il avait rencontrés et qu'il n'avait pu vaincre ; il termina en leur laissant entendre que peut-être le moment était venu enfin de reprendre l'œuvre deux fois interrompue et de l'asseoir désormais sur une base inébranlable. Il fut compris. A quelques jours de là, ces jeunes prêtres se pressaient de nouveau autour de leur Père, lui déclaraient d'une voix unanime qu'ils étaient prêts à embrasser l'état religieux et le suppliaient avec instance de les initier lui-même à la pratique des conseils évangéliques » (1). Mgr Soyer approuva hautement le projet du Vénérable Père et le pieux fondateur se fit, encore une fois, maître des novices.

Le 8 décembre 1829, le Père Baudouin se consacrait avec ses enfants à la très Sainte Vierge, son immaculée Mère. La pieuse cérémonie eut lieu sans le moindre apparat. Aussi bien, la précaution n'était pas superflue. « On était en 1830 : le gouvernement redoutait les libéraux qui craignaient ou feignaient de craindre les Congrégations (2). »

« Cinq années encore, le Père Baudouin va travailler à l'édifice. Il n'en verra pas le couronnement ; mais il laissera ses plans entre les mains d'un autre lui-même. Six ans plus tard, en 1841, le Père Baizé y mettra la dernière pierre et le Père Baudouin bénira du haut du ciel l'œuvre désormais achevée (3). »

(1) R. P. Michaud, *op. cit.*, p. 454.
(2) R. P. Michaud, *op. cit.*, p. 457.
(3) id.

Apoplexie ! Derniers sacrements. Aimable jusqu'au bout.

Sa Congrégation des Ursulines de Jésus prospérait, sa Congrégation de prêtres venait de renaître ; le Père Baudouin pouvait mourir en paix.

Un soir du mois de novembre 1834, le Vénérable Père fut frappé d'apoplexie. On crut venue sa dernière heure et on se hâta de lui donner les derniers sacrements. Il devait survivre pourtant à cette violente attaque. Mais les quelques semaines qu'il vécut encore furent pour lui un véritable martyre.

Malgré la souffrance qui l'accablait et les peines intérieures par lesquelles le Seigneur éprouvait sa vertu, il ne se départit point de son aimable patience. Il n'en continuait pas moins à assister de ses conseils sa Congrégation de religieuses ; le Père Baizé ne quittait guère la chambre du malade et transmettait ses derniers enseignements aux Fils de Marie Immaculée.

Les prêtres du diocèse de Luçon et de La Rochelle accouraient pour recevoir les conseils de celui qu'ils considéraient comme

La Chapelle de la Ste Vierge du petit Séminaire
de Chavagnes, bâtie sur l'emplacement de la Chambre
où mourut le Père Baudouin.

un père. Il faisait à tous ses recommanda-
tions et recevait leurs commissions pour le
ciel.

La visite de la Révérende Mère Marie de
Jésus, supérieure générale de la Congrégation des Sacrés-Cœurs, fut pour lui une véritable joie : « Vous êtes mes filles, vous
aussi, leur dit-il ; vous travaillerez avec mes
autres filles ; si vous vous conservez dans
l'humilité, vous serez bénies de Dieu. Mes
enfants, je prierai bien pour vous quand
je serai dans le paradis. »

Encore « ses chers pauvres ! »

Jusqu'à la fin, il aima « ses chers pauvres » ; son grand bonheur était de recevoir leur visite. Il leur distribuait de bonnes paroles et des aumônes d'autant plus
abondantes qu'il voyait approcher le moment de la séparation. La dernière fois que
la poste lui apporta ses honoraires, son
cœur bondit de joie : « Quel bonheur, s'é-
cria-t-il, je puis donc faire encore un peu
de bien aux pauvres ! » Cet argent ne tarda
pas, en effet, à passer entre leurs mains.

Derniers jours. Dernières paroles.

Cependant, la maladie empirait toujours. Le 4 février, le Vénérable malade reçut le Saint Viatique. Ses fils et ses filles se pressaient autour de son lit. Le saint qui allait mourir fut humble jusqu'à son dernier souffle : « Oh ! mes enfants, dit-il, je vous demande pardon des sujets de scandale que je vous ai donnés dans mes paroles, dans mes actions, dans ma conduite. » Puis, pensant à sa « bonne Mère » dont le souvenir ne le quitte pas, il fait cette prière : « O Marie, je remets mes enfants entre vos mains ; je vous les donne, ils sont à vous ; ne les abandonnez pas, protégez-les, bénissez-les ! »

Les souffrances se prolongèrent une semaine encore, douloureuses, atroces. Le 12 février, M. Lucet lui annonça que la mort approchait. Le bon Père sourit. Voyant ses religieuses près de lui, il leur dit : « Aimez-vous les unes les autres ; aimez bien la Sainte Vierge. » Ce furent ses dernières paroles ; puis il prit le crucifix, le baisa affectueusement, inclina la tête et rendit sa belle âme à Dieu le jeudi 12 fé-

vrier 1835. Dieu exauçait ainsi l'un de ses
plus ardents désirs : depuis longtemps, il
récitait tous les jours un « Souvenez-
vous » pour obtenir, par l'intercession de
Marie, la grâce de mourir le jour où Notre-
Seigneur a institué la Sainte Eucharistie.

« Ainsi quitta la terre ce prêtre zélé, confesseur de la foi, apôtre de la Vendée et de
la Saintonge, fondateur de petits et de
grands séminaires, chef d'une vaillante
troupe de missionnaires, Père de deux Congrégations, le patriarche de la vie sacerdotale dans nos contrées de l'ouest (1). »

Les Fils de Marie Immaculée ensevelirent
leur Père avec les sentiments qu'inspirent
les restes d'un saint. « Les traits du Vénéré
défunt, a rapporté le Père Baizé, n'étaient
aucunement altérés ; une douce sérénité
était répandue sur son visage ; on éprouvait
à le regarder un sentiment de calme et de
consolation. » — « La piété et la vénération, ajoute M. Lucet, ont été portées au
delà de ce qu'on peut imaginer. Depuis le
matin jusqu'au soir, on ne cessait de faire
toucher au saint corps des croix, des cha-

(1) Marie Alphonse : *Une gloire Vendéenne*

pelets, des livres, des médailles ; les femmes tendaient leurs bagues, les ouvriers et les laboureurs leurs outils. Deux ecclésiastiques ne pouvaient suffire à recevoir et à rendre les objets qui étaient présentés. Chacun réclamait un livre, une image, un lambeau d'étoffe qui eût appartenu à l'homme de Dieu. Il fallut faire bonne garde pour empêcher qu'on ne mit en pièces les ornements sacerdotaux dont il était revêtu. »

Les obsèques eurent lieu le 16 février, au milieu d'un concours immense. Aucun éloge ne fut prononcé ; mais l'attitude recueillie de l'assistance et les larmes qui coulaient de tous les yeux disaient, mieux que n'aurait pu le faire le discours le plus éloquent, la vénération qu'inspiraient la bonté et la sainteté du pieux défunt et le vide que sa mort laissait dans tous les cœurs.

Il fut inhumé dans le cimetière des Ursulines de Jésus. C'est là que pendant plus de vingt ans les fidèles accoururent invoquer son bienfaisant patronage, là que furent obtenues par son intercession des faveurs sans nombre. Mais pour aller au cimetière,

il fallait traverser une partie de l'enclos des
Sœurs. Beaucoup étaient arrêtés par la
crainte de gêner les religieuses ; les allées
et venues des pieux visiteurs nuisaient au
recueillement de la Communauté. Le 31
Mai 1858, les Supérieures faisaient transporter les restes de leur pieux fondateur
dans le transept de leur chapelle. C'est là
que maintenant les fidèles accourent de
toutes parts prier le bon Père ou le remer-
cier des faveurs que Dieu se plaît à répan-
dre par les mains de son Serviteur.

La sainteté de sa vie, les grâces signalées
obtenues par son intercession engagèrent
Mgr Colet, évêque de Luçon, à introduire à
Rome la cause du saint prêtre. Le 7 septembre 1871, il recevait officiellement le titre
de Vénérable.

Le 15 octobre 1910, Mgr Costaggini, avo-
cat du procès de béatification et de canoni-
sation du Vénérable Père l'appelait : « un des
plus vaillants athlètes de l'Eglise de France. »

Supplions Dieu de rendre de plus en plus
éclatante la gloire de son Serviteur et d'accorder, si largement, les grâces implorées
par son intercession, que la Sainte Eglise
l'élève bientôt au rang des bienheureux,

donnant ainsi, une fois de plus, à la Vendée et à la France un protecteur et un modèle (1).

(1) Ce paragraphe est inspiré de la prière que composa Mgr Catteau, lors de la reprise de la cause du Vénérable Père en 1910. On trouvera cette prière au commencement de cet ouvrage.

CHAPITRE X

—

Premiers rayons de gloire [1]

**« *Je n'ai pas besoin de prières,
je suis dans le ciel.* »**

M. l'abbé Dubois, curé de Baupréau
(Maine-et-Loire), et M. l'abbé Fouré, ancien Supérieur des Religieuses de Sainte-
Marie de Torfou, s'entretenaient un jour
des vertus du Bon Père Baudouin. — « Je
puis bien certifier qu'il est au ciel, dit tout à
coup M. l'abbé Dubois. Un prêtre de mes
plus intimes connaissances, qui aurait
mieux aimé cent fois mourir que faire le
moindre mensonge, célébrait le saint Sa-

------

(1) Le premier fait est tiré de la *Vie du Vénérable
Père Baudouin*, imprimée chez Oudin à Poitiers (1873) ;
les autres sont extraits de la *Vie du P. Baudouin* refondue
par le R. P. Michaud, et honorée, comme la précé-
dente, de l'*Imprimatur* de plusieurs de Nosseigneurs les
Evêques. Nous citons ce chapitre tel qu'il a paru dans
la brochure du P. Marie Alphonse : *Une gloire Vendéenne.*

crifice pour le repos de l'âme de M. Baudouin, quelques jours après sa mort.

« Au moment du *Pater*, il lui apparut dans la gloire, et lui dit avec un doux sourire et une grâce admirable : « *Je vous re-* « *mercie, mon ami, je n'ai pas besoin de* « *prières, je suis dans le ciel.* »

« Et il disparut, lui faisant avec la main un signe expressif, comme pour attester sa reconnaissance. »

M. l'abbé Fouré était convaincu que c'était à M. Dubois lui-même que le Bon Père était apparu. Le père de M. Fouré, qui assista à cette messe, déclara qu'il se sentit vivement impressionné, comme s'il s'y fût passé quelque chose d'extraordinaire (1).

Quatorze plaies guéries.

Une pauvre femme, depuis fort long-temps était affligée d'un mal affreux qui ne lui permettait plus de faire même un pas hors de sa maison.

Comme la malade de l'Evangile, « elle « avait souffert beaucoup malgré les soins

(1) *Vie du V. Père Baudouin*, p. 416. Oudin, à Poitiers.

« de médecins nombreux ; et elle avait dé-
« pensé tout son bien sans autre profit que
« de voir augmenter ses souffrances (1). »
Quatorze plaies couvraient sa jambe. Elle
fait vœu, si elle guérit, d'aller en pèlerinage au tombeau du bon Père. Après quelques jours de prières, toutes les plaies
avaient disparu.

« Vous ne me demandez rien, ma fille ? »

Quelques mois avant de retourner vers
Dieu, le bon Père Baudouin rencontra, non
loin de Chavagnes, une fervente chrétienne
d'un village voisin. Il lui adressa quelques
paroles édifiantes, comme il faisait toujours
en pareilles rencontres. Au moment de
s'éloigner, il lui dit avec un air de reproche : « Vous ne me demandez rien, ma
fille ? » — « Bon Père, répondit l'humble
femme, je ne suis pas riche, mais le peu
que je gagne suffit à mon entretien. »

Le Bon Père mourut ; et peu de temps
après sa mort, cette femme fut en proie à
des hoquets violents et presque incessants ;

(1) S. Marc, v. 26.

de plus, tous ses membres étaient agités d'un tremblement continuel.

Mais nulle souffrance n'était plus cruelle pour cette pauvre femme que la privation de la sainte communion.

Ce martyre physique et moral se prolongea sept ans !

Un jour enfin, surprise de n'y avoir pas songé plus tôt, elle se rappela la parole du Bon Père. Elle court à son tombeau : « Bon Père, s'écria-t-elle en tombant à genoux, vous m'avez promis de venir à mon secours ! Vous voyez mon triste état ; je ne vous demande rien autre chose que de pouvoir assister à la Sainte Messe ! »

Sa prière fut immédiatement exaucée. Les hoquets et les tremblements cessèrent. Jusqu'à la fin de ses jours elle n'en fut plus affligée.

L'enfant cueillait des fleurs...

Une petite fille de la paroisse de Chauché (Vendée), Séraphine Piveteau, souffrait d'une plaie profonde à une jambe, et ne pouvait même plus poser le pied sur le sol. Sa marraine l'apporta au tombeau du

Le tombeau du Vénérable Père Baudouin.

« Bon Père. » O surprise ! pendant que la marraine priait avec ferveur, elle aperçut tout à coup sa petite filleule, qu'elle croyait immobile à son côté, faisant le tour du tombeau vénéré en cueillant des fleurs ! — Elle était complètement guérie.

Sa sœur quitte ses béquilles.

Séraphine Piveteau avait une sœur souffrante de rhumatismes depuis deux ans.

La pauvre affligée ne pouvait plus faire un pas qu'appuyée sur deux béquilles. Les médecins avaient pronostiqué que, si jamais elle guérissait, elle resterait estropiée toute sa vie. La guérison de Séraphine avait rempli de la plus douce confiance le cœur du père et de la mère de la chère malade. Ils vinrent au tombeau béni prier le « Bon Père Baudouin. » Trois jours après, l'enfant rejetait ses béquilles pour ne jamais les reprendre.

« C'est la Sainte Vierge ! »

Au moment où il résignait sa fonction de Curé de Chavagnes-en-Paillers (en 1805), le Père Baudouin avait dit à une de ses paroissiennes : « Ma fille, je mourrai à Chavagnes. Si vous avez besoin de moi, ayez confiance, vous me retrouverez toujours ! »

Plus de trente ans après cette date la bonne paroissienne était mère de famille. Une de ses filles lui causait de graves soucis. Elle tombait du « haut mal. »

Jusqu'à ce qu'elle eut atteint l'âge de dix ans, sa mère ne se souvint pas de la promesse si paternelle du Père Baudouin. La pauvre femme conjurait la Très Sainte Vierge de soulager son enfant ; elle faisait offrir à cette intention le saint Sacrifice de la Messe. La malade ne guérissait pas.

Dieu permit que la mère désolée se souvint enfin de la douce promesse du Père Baudouin. Sans tarder, elle commence, pour la guérison de sa fille, une neuvaine au tombeau du saint prêtre. Mais la tombe était loin de la maison, et plusieurs jours parfois s'écoulaient entre deux pèlerinages.

Enfin la neuvaine allait s'achever. Or, un matin, une lumière « plus blanche qu'un cygne » remplit toute la maison. « C'est la Sainte Vierge ! » se dit intérieurement la pieuse femme.

Ce n'était pas la Sainte Vierge !

Au lieu d'Elle, l'heureuse mère aperçut le Père Baudouin, tel qu'elle l'avait connu sur la terre, mais environné de gloire.

Le bon Père lui sourit, et avec une grande douceur lui dit : « Consolez-vous, ma fille, votre petite est guérie ! »

A partir de ce jour la petite épileptique ne ressentit jamais la moindre atteinte de son mal effrayant.

Un jeune enfant guéri des écrouelles.

Dans un village de la paroisse de Saint-Georges de Montaigu, un enfant de huit ans excitait la compassion de tous ceux qui l'approchaient. Une large plaie s'étendait sur sa poitrine et la rongeait ; des ulcères profonds, purulents, horribles à voir, dévoraient son cou et sa tête.

Le pauvre petit endurait d'horribles souffrances, et les médecins avaient déclaré que le mal était sans remède.

Sa mère, espérant contre toute espérance, confia sa détresse au Bon Père Baudouin.

Elle pria, elle pleura au tombeau du serviteur de Dieu. Revenue en sa maison, elle soulève les linges qui recouvraient les plaies de son enfant. Quelle ne fut pas sa joie ! Un mieux sensible s'était déclaré. « Continuez de prier le *Saint*, lui dirent ses voisins transportés de joie, il achèvera certainement de guérir ce petit martyr. »

Ces braves gens avaient bien auguré de la bonté du Père Baudouin. Après plusieurs pèlerinages, accomplis par sa mère, l'enfant guérit.

Aux Pâques suivantes (1853) il parcourait, le visage radieux, tous les détours du village, disant à qui voulait l'entendre : « Je suis guéri ! je vais aujourd'hui à la messe, *sans avoir la tête enveloppée.* »

« *Les enfants gâtés* » du Père Baudouin.

Henri et Pierre Pissavy Yvernauld, de Châteauroux, sont parmi les « **préférés** » du Père Baudouin.

Le 19 mars 1898, à l'âge de 11 mois, Henri fut atteint d'une broncho-pneumonie. Le mal faisait des progrès rapides, la fièvre était intense, la respiration haletante. Tout faisait craindre un triste dénouement. Les Filles du V. Père, qui avaient alors une résidence à Châteauroux, étaient attachées par

des liens d'une religieuse amitié à la famille
Pissavy Yvernauld.

Elles prêtèrent aux parents du petit malade une croix faite du bois du cercueil du
saint fondateur (en 1858, lors d'une transla-
tion jugée nécessaire). Aussitôt que la croix
de bois eut touché la poitrine du petit malade, il se trouva mieux. Le 3 avril il était
guéri.

Deux ans après, en 1900, Pierre, frère
d'Henri, tombait, à son tour, dangereuse-
ment malade. Fièvre brûlante, délire, état
comateux, tout révélait dans le petit enfant
la présence d'un mal inexorable. Le médecin était au désespoir. La nuit, M. et Mme
Pissavy faisaient la relève auprès du petit
lit et récitaient les mille *Ave Maria*.

Cependant le ciel semblait fermé; et déjà
on préparait la soutane bleue et le rochet
blanc d'enfant de chœur, avec lesquels
Mme Pissavy voulait ensevelir son enfant.

Mais on était au 3 février 1900 ! Neuf
jours séparaient cette date de celle de la
mort du Père Baudouin. Les Religieuses Ursulines de Châteauroux commencèrent une
neuvaine à leur vénéré fondateur. Le mal
s'arrêta aussitôt. Le 11 février, la fièvre
tomba ; le 12, jour anniversaire de la mort du

Père Baudouin, Pierre était hors de danger.

« Le dimanche 1er mars 1903, écrit M.
« Pissavy, Henri, alors âgé de cinq ans,
« était pris d'une forte grippe, avec fièvre
« violente et température élevée. Le jeudi
« suivant, 5 mars, des complications gra-
« ves étaient constatées; une *broncho-pneu-*
« *monie* double était survenue et consti-
« tuait un danger sérieux et immédiat ;

« Les journées du jeudi, du vendredi et
« du samedi se passèrent ainsi au milieu
« des inquiétudes les plus grandes. A deux
« reprises on crut les derniers instants du
« cher enfant arrivés. Il avait reçu tous
« les soins de préparation à la mort qui
« peuvent être donnés à une petite âme
« innocente et pure. A un moment donné,
« le cher petit s'était soulevé, et avait spon-
« tanément récité *Pater, Ave, Credo et*
« *Confiteor,* précédés et suivis d'un grand
« signe de croix. Après quoi il s'étendit
« de nouveau sur son petit lit, et, à ce mo-
« ment surtout, son père et tous ceux qui
« l'entouraient, le cœur brisé, s'attendaient
« au coup que Dieu ne semblait plus de-
« voir leur épargner.

« Dès le premier jour de la maladie, des
« prières avaient été adressées au Ciel par

« l'intercession du Père Baudouin. Le lun-
« di, la petite croix miraculeuse fut placée
« dans le lit du malade. Les prières conti-
« nuèrent, et le médecin fut heureusement
« surpris de constater un dégagement des
« poumons, le huitième jour de la mala-
« die. Les jours suivants, l'amélioration
« s'accrut d'une façon notable, et les re-
« chutes redoutées ne se produisirent pas.

« La convalescence fut rapide et la gué-
« rison complète. »

« Le père de l'enfant attribue à la pro-
« tection et à l'intercession du Père Bau-
« douin cette guérison inespérée. »

*
* *

Nous avons sous les yeux quarante pro-
cès-verbaux de faits semblables, et combien d'autres se transmettent de vive voix,
en attendant qu'un examen sérieux per-
mette de les classer dans le dossier du Procès de Béatification !

Ces « premiers Rayons de gloire » nous
ont paru capables de donner une assez juste
idée de la puissance d'intercession du Vénérable Père Baudouin sur le cœur de Dieu.
Ils font bien deviner qu'elle doit être l'au-
réole du saint prêtre en Paradis !

CHAPITRE XI

Chavagnes et le V. P. Baudouin

Le grain de séneve devenu un arbre. — La bénédiction de Dieu. — Seigneur, envoyez des ouvriers... et des ouvrières à votre moisson !

Qu'est devenu le petit village ?

Lorsque le Père Baudouin parla d'établir ses œuvres à Chavagnes, les gens sages se récrièrent et blâmèrent sa témérité. Volontiers, ils auraient dit de la petite bourgade, ce qu'on disait autrefois de Nazareth : peut-il sortir quelque chose de bon de Chavagnes ? Le Vénérable Père en fit sortir une légion de prêtres, des religieux et des religieuses pour la rédemption de beaucoup d'âmes.

Vue actuelle de Chavagnes-en-Paillers.

Le village, d'abord, s'est agrandi ; sept magnifiques routes en rendent l'accès facile de tous les côtés. Arrivons, si vous le voulez, par la route de la Chardière ou par celle de la gare, car il y a une gare à Chavagnes, et arrêtons-nous avant de descendre la grande côte de la Michenaudière. Sur le coteau, en face de vous, c'est Chavagnes, le centre des œuvres **du Père Baudouin** ; la Petite-Maine vous en sépare. A droite c'est le Petit Séminaire dont on aperçoit la chapelle et le belvédère. Plus à gauche, c'est l'église, aux allures de cathédrale, qui a remplacé le modeste temple où se pressaient les fidèles au temps du Père Baudouin ; plus à gauche encore, apparaît la Maison-Mère des Ursulines de Jésus qui regarde, sur le versant opposé, la Maison de retraite du Sacré-Cœur. Enfin, plus loin, sur un ressaut du coteau, on aperçoit le pignon de la Maison Sainte-Marie qui fut bâtie par le Père Baizé pour les Fils de Marie Immaculée. On peut donc bien dire que le Chavagnes d'aujourd'hui est l'œuvre du Père Baudouin.

I

Les Fils de Marie Immaculée.
Malgré l'enfer : sous la protection de Marie!

Le saint ami d'un saint.

En 1835, nous l'avons vu, le Vénérable Père mourait sans avoir achevé son œuvre ; mais il laissait ses plans à un homme capable de les mettre à exécution, le Père Charles-Isidore Baizé, son disciple le plus cher et l'imitateur le plus fidèle de ses vertus. Le rôle important qu'il a joué dans la Congrégation des Fils de Marie Immaculée, l'impulsion qu'il a donnée à ses œuvres, la sainteté de sa vie demandent que nous disions quelques mots de lui.

Charles-Isidore Baizé naquit aux Herbiers le 12 février 1799. Un ancien élève du Père Baudouin, au Séminaire de Chavagnes, M. Pierre Moreau, vicaire des Herbiers, lui donna les premières leçons de latin. En 1815, il entrait au Collège de Luçon et, le 8 octobre 1818, se présentait au Grand Séminaire de La Rochelle. Déjà instruit par un disciple du Père Baudouin,

puis élevé dans un collège fondé par le
Père Baudouin, M. Isidore Baizé allait enfin
se trouver en face du Père Baudouin lui-
même. Dès la première heure, le Supérieur
du Grand Séminaire de La Rochelle se sentit attiré vers le saint jeune homme et lui
donna dans son cœur la place, qu'autrefois, M. Lebédesque y avait occupée. En
1822, il le fit nommer professeur à Chavagnes. Il lui confia ses intentions, ses plans
pour le rétablissement de sa Congrégation
de prêtres ; et, quand il se vit près de mourir, il s'écria, levant les yeux sur ce disciple toujours chéri, sur cet ami toujours
fidèle : *ipse faciet*. (Voilà celui qui achèvera
mon œuvre (1).)

Les Pères de Chavagnes à Chavagnes.

La première œuvre à laquelle se dévouè-
rent les Fils de Marie Immaculée et, sans
contredit, l'une des plus chères à leur
cœur, fut le Petit Séminaire de Chavagnes.

(1) D'après le R. P. Michaud, *op. cit.* — Le Vénéré
Père Baizé mourut à Chavagnes en odeur de sainteté
en 1860. Son corps repose dans le tombeau que l'on
voit à l'entrée de la Chapelle de la Salette, auprès de
de Maison Sainte-Marie.

Depuis son rétablissement, le « Petit Collège » n'avait cessé de prospérer jusqu'à la venue du Père Baudouin à Chavagnes, en 1828. La présence de son fondateur mit le comble au succès de cette école ; elle permit au Père Baizé de se pénétrer de la méthode de son maître vénéré et de recevoir de lui les conseils les plus précieux. Il en profita si bien que, sous sa direction, le Séminaire revit les meilleurs jours du « bon Supérieur » et se développa avec la rapidité des œuvres bénies de Dieu.

La Société conserva la direction de cet établissement jusqu'à la persécution de 1902. Que de saints prêtres, de bons religieux et de zélés missionnaires en sont sortis ! Plusieurs d'entre eux sont devenus d'illustres évêques. Nous ne ferons mention que de Mgr Angebault, évêque d'Angers, que le Père Baudouin prépara lui-même à sa première communion ; de Mgr Cousin, évêque de Nagazaki, au Japon ; de Mgr Chauveau, évêque de Larissa et préfet apostolique du Tonkin ; de Mgr Jarosseau, évêque des Gallas (Abyssinie).

Malgré l'enfer !

Les lois iniques contre les Congrégations chassèrent, en 1903, les religieux du Père Baudouin du Séminaire qu'il avait deux fois fondé. Mais, l'esprit de la Maison est toujours celui du Vénérable Père : l'amour de la Sainte Vierge y fleurit toujours ; les prières sont celles du Père Baudouin ; ce sont ses invocations aimées que vous entendez : « *Benedicta sit sancta et Immaculata Conceptio Beatissimæ Virginis Mariæ, Matris Dei: Bénie soit la Sainte et Immaculée Conception de la Bienheureuse Vierge Marie, Mère de Dieu.* » — « *Ave Maria purissima, sine peccato concepta — Je vous salue Marie très pure, conçue sans péché* »

« Il y aura toujours un Séminaire à Chavagnes. »

Quelques jours avant la mort de son saint ami, M. Lebédesque, la veille de la dernière retraite qu'ils firent ensemble, le Père Baudouin lui demandait : « Mon Père, le Séminaire restera-t-il à Chavagnes ? » — « Je vous répondrai, dit M. Lebédesque, à la fin de la retraite. » La retraite terminée, le

Père Baudouin renouvela la question : « Il y aura toujours, répondit M. Lebédesque, un séminaire à Chavagnes. » — « Mais le Grand Séminaire y restera-t-il aussi ? » — « Tout ce que je puis dire, c'est qu'il y aura un séminaire à Chavagnes. » Sur son lit de mort, le saint prêtre répéta la même parole, et il ajouta : « Mais, il faudra passer par des épreuves. »

Les épreuves sont venues ; en décembre 1906, la persécution chassait les petits séminaristes de la maison bénie qui les abritait ; mais, en même temps, le Grand Séminaire, expulsé de Luçon, arrivait à Chavagnes et se logeait dans la Maison Sainte-Marie. Au mois d'octobre 1919, le Grand Séminaire retournait à Luçon ; mais alors le Petit Séminaire était déjà revenu à son berceau : Chavagnes n'a donc pas cessé d'avoir un séminaire.

Ce n'est pas le seul établissement de ce genre dont se soient chargés les Fils de Marie Immaculée. Ils ont encore dirigé les Petits Séminaires des Sables-d'Olonne et de Limoux et les Petits et Grands Séminaires de La Rochelle et de Saint-Albert (Canada).

« Vivent les missions ! »

A peine la Société des Fils de Marie Immaculée fut-elle rétablie, que vinrent s'adjoindre à elle des prêtres désireux de travailler au salut des âmes dans les missions paroissiales ; mais ils n'avaient pas de ré-

Maison Sainte-Marie où se logea le Grand Séminaire
de 1906 à 1909.

sidence particulière. Dès 1836, M. Bonnet, curé de Mouilleron-en-Pareds, leur offrait dans sa paroisse une maison spacieuse qui fut appelée Saint-Sauveur. Ce fut le premier centre d'où rayonnèrent les missionnaires, Fils de Marie-Immaculée, que le

11*.

peuple ne tarda pas à appeler « Pères de Chavagnes. » Quelle est la paroisse de Vendée dont les archives ne relatent pas quelque mission prêchée par eux ? Presque tous étaient fils de la Vendée ou des régions voisines. « Il semble qu'il y ait eu un accord profond, une sympathie naturelle entre les populations de nos pays et les Enfants du Père Baudouin (1). » Aussi, que d'âmes ramenées à Dieu dans ces fructueuses missions, que de chrétiens affermis dans leur foi, que de vocations découvertes et guidées ! Ne récolte-t-on pas encore, d'ailleurs, des gerbes de ce bon grain que les semeurs du siècle dernier ont répandu à pleines mains ?

« Cependant, les pays voisins se sont montrés jaloux de recueillir leur part des profits spirituels dont les Fils du Père Baudouin faisaient bénéficier la Vendée. Mgr Angebault, qui fut, on s'en souvient, élève du bon Père au Séminaire de Chavagnes, les appelait à Saumur en 1867 et leur confiait la chapelle et la direction du pèlerinage de Notre-Dame des Ardilliers, avec

---

(1) R. P. Michaud, *op. cit.*, p. 549.

pleins pouvoirs de donner missions et re-
traites dans son beau diocèse. En 1876,
Mgr Thomas les accueillait gracieusement
dans la Saintonge et les établissait en cette
ville de Saint-Jean-d'Angély que le Père
Baudouin avait tant aimée. Dès 1845, Mgr
Guitton leur avait ouvert le diocèse de Poitiers. Entrés dans ces différents diocèses
avec le même dévouement, avec le même
zèle, ils eurent la joie de produire les mêmes heureux fruits de salut que dans leur
diocèse d'origine (1). »

En plein Océan !

D'autres missions avaient attiré les regards et le cœur du Père Baudouin. Par
delà les mers, il voyait des âmes à conqué-
rir à Jésus-Christ. Il entendait trop claire-
ment leur appel et souffrait trop de ne pouvoir les secourir pour mettre des limites
au dévouement de ses fils. Aussi ont-ils répondu à un désir bien cher de leur Vénérable Fondateur en dirigeant l'essor de leur
zèle vers des missions hors de France.

Parlons donc de ces Missions, ou mieux,

(1) R. P. Michaud, *op. cit.*, p. 349.

parcourons-les, et, pour commencer, voguons vers l'Amérique du Sud. Ne manquons pas d'admirer, au passage, les Açores, l'île de San Miguel surtout. Nous la côtoyons de si près que nous apercevons les habitants, attirés sur le rivage par la sirène du bateau, nous saluer de leurs mouchoirs déployés. Nous naviguons désormais en plein Océan jusqu'à la Guadeloupe où

Un village aux Antilles Anglaises.

nous faisons escale, et à la Martinique où nous laissons le paquebot pour prendre l'intercolonial qui nous mènera, en quel-

En route pour la montagne.

ques heures, en face de la Dominique (Antilles Anglaises). Ce fut là que débarquèrent, vers 1872, les Pères Couturier, Rondard et Fort. Quelques années plus tard, les Pères Rondard et Tapon prenaient possession de l'île de Sainte-Lucie, à quelques milles de la première.

Chez les Caraïbes !

La Dominique ! Ceux qui ont lu quelque relation de la découverte du Nouveau Monde ou étudié l'histoire des « *Conquistadores* (1) » n'approcheront de ces rives qu'avec terreur. N'est-ce pas, en effet, la patrie de ces fameux et féroces Caraïbes qui ont mis à la broche et dévoré tant de pauvres Espagnols ! Voici justement, là-bas, sur le rivage, un feu inquiétant, autour duquel s'agitent des personnages non moins suspects ; quelque victime sans doute ! Soyons prudents, n'avançons qu'avec précaution ! Nous avons été aperçus, on vient à nous : « *Bonjour Pé, comment ou yé ? ou bien ?* » — Décidément, nous ne serons

(1) C'est ainsi qu'on appelait en Espagne ceux qui allaient à la conquête du Nouveau Monde (l'Amérique).

pas mangés. Les Caraïbes sont chrétiens depuis longtemps, peut-être les meilleurs chrétiens de l'île.

Sous les cocotiers.

Les îles de la Dominique et de Sainte-Lucie, véritables perles des Antilles, émergent de l'Océan comme des crêtes de montagnes. Elles sont coupées de gorges profondes, où coulent des torrents, et de rares vallées où se récoltent la canne à sucre, le cacao, le café et le citron. Les gorges s'élargissent au voisinage de la mer. C'est là que, dominés par les hauts cocotiers, au milieu d'une végétation exubérante, se blottissent la plupart des villages des îles. Les cases, petites, sont souvent peu nombreuses autour de l'église ; mais il y a d'autres cases « en montagne », accrochées aux roches, à proximité des rivières, où, sur quelques mottes de terre, poussent le bananier, l'igname et le chou caraïbe qui fournissent, en grande partie, la nourriture des noirs.

Du sport pour le bon Dieu !

Le Missionnaire veut-il faire la visite de son troupeau ou porter les sacrements à

quelque malade ? Dans de mauvaises bar-
ques, sur des pirogues incertaines, il atteint, si la mer n'est pas trop mauvaise, les
cases les plus proches de l'eau. S'agit-il
d'arriver aux cases de la montagne ? Ce

Cases dans la montagne.

sont de longues heures de cheval, par des
sentiers abrupts et ravinés, sous un soleil
de feu qui se rit du parasol et du casque
colonial.

Parfois le malade est debout et reçoit lui-
même le Missionnaire à son arrivée. Car
ces braves noirs ont tellement peur de mou-

rir sans sacrements, qu'ils n'hésitent pas à appeler le Père et à lui imposer, pour le plus petit malaise, deux et trois heures de chemin. Mais, le moyen de les gronder quand, avec le plus grand sérieux du monde, ils vous assurent qu'un instant auparavant, ils étaient à l'agonie ?

Travailler comme un nègre.

Que de travail accompli dans ces îles depuis 1872 ! Des églises nombreuses ont surgi de terre, malgré la difficulté de transport des matériaux, malgré la rareté de la main-d'œuvre, malgré la pauvreté surtout. Souvent, c'est le missionnaire qui doit donner l'exemple ; avec un peu d'habileté, il deviendra architecte, maçon, construira bancs et autels, dirigera l'assemblage de la charpente ; car les noirs ne travaillent guère qu'entraînés par l'exemple, et ceux qui les ont vus à l'œuvre savent à quel point est menteuse l'expression : *travailler comme un nègre.*

Les chers petits nègres.

Les écoles paroissiales, si chères au Vénérable Père, n'ont point été négligées,

Chaque paroisse a désormais les siennes dans lesquelles des maîtres et des maîtresses choisis par les Pères, tout en donnant une science profane suffisante, assurent l'instruction religieuse des enfants. Un collège, affilié aux Universités anglaises, a même été fondé à Castries, capitale de l'île de Sainte-Lucie et donne d'excellents résultats. Les écoles et le collège de Castries instruisent à eux seuls plus de 900 enfants.

Aussi, l'apostolat des Fils de Marie Immaculée est-il hautement apprécié du Gouvernement anglais, qui voit dans les missionnaires les auxiliaires les plus précieux de la civilisation.

A 900 mètres dans la montagne !
La jolie ville de Caracas.

Puisque nous ne sommes qu'à deux pas, ou, pour parler plus exactement, à deux jours du Vénézuela, la patrie de Miranda et du grand Bolivar, allons donc y visiter les œuvres des Fils du Père Baudouin. Dans la capitale de cette République, ils établirent, en 1903, une institution qui s'appela « Collège des Pères Français » ou plus simplement « Collège Français. » Les débuts en

furent assez pénibles ; les professeurs igno-
raient presque totalement l'espagnol, la
langue de leurs élèves, et ceux-ci, cela va
sans dire, ne comprenaient pas un mot de
français. Mais, au bout de peu de temps, ce
collège devint le plus florissant de Caracas
et compta près de trois cents élèves. Comment ne pas s'attacher à ces enfants et à ces
jeunes gens affectueux, ouverts, expan-
sifs, intelligents, pieux, aimant la France
comme leur propre patrie et arrivant à parler le français comme leur propre langue ?
Aussi, est-ce la mort dans l'âme et le cœur
brisé, qu'il fallut renoncer, en 1920, à
cette œuvre si chère. Les professeurs manquaient ; le gouvernement persécuteur de
France avait tari le recrutement de ceux
qui, là-bas, étaient, en face de la propagande allemande, les meilleurs ouvriers de
l'influence française.

L'église de « la Immaculada. »

Mais les « Pères français » n'ont pas entièrement abandonné le Vénézuela, pays
neuf et pays d'avenir. Grâce aux sacrifices
d'une population très chrétienne, grâce

L'église de la Immaculada.

aussi à l'appui de leurs anciens élèves, dont l'affection ne s'est jamais démentie, les Fils du Vénérable Père Baudouin bâtissent, en ce moment, dans un des quartiers les plus déshérités de la capitale, une grande église qui sera une des plus belles de la ville. L'église de « la Immaculada » viendra en aide au curé de San Juan, qui évangélise, à lui seul, une population de 18.000 âmes.

Hélas ! que ne peuvent-ils répondre aux appels angoissants de l'épiscopat Vénézuélien qui demande des ouvriers nombreux pour la moisson dont l'abondance excite les convoitises du protestantisme américain.

Comment on fonde une paroisse dans les plaines du Canada.

Quittons, non sans regrets, cette jolie ville de Caracas et son climat printanier, et transportons-nous dans les immenses plaines du Canada. C'est encore en 1903 qu'à l'instigation et sous la haute protection de Mgr Langevin, deux centres de missions furent créés, l'un à Cartier et l'autre à Saint-Hubert, Far West-Canadien.

Ce fut le R. P. Jérôme Boutin qui fonda Saint-Hubert, dans la Saskatchewan. En France, quand on fonde une paroisse, c'est que des maisons sont groupées et que la population réclame la présence du prêtre. On construit alors une église et un presbytère, et on invite le curé à venir y remplir son ministère. Au Canada, les choses se passent à rebours. D'ailleurs, dans ces plaines sans fin, comment les maisons et les gens pourraient-ils se grouper sans un signe de ralliement ? Ce signe de ralliement, c'est l'église. Aussi, dès son arrivée, le Père Boutin se préoccupa-t-il de bâtir une église commode et spacieuse, une résidence pour les missionnaires et une vaste salle paroissiale. Les paroissiens ne tardèrent pas à affluer. Bientôt fut adjoint un couvent de religieuses. Elles élèvent la « chère enfance » et donnent leurs soins aux vieillards et aux pauvres malades.

En traîneau sur la neige.

De cette résidence, en traîneau le plus souvent — car la neige tombe de bonne heure et couvre longtemps la terre — les missionnaires s'en vont porter la parole de Dieu dans les autres centres de missions dont les principaux sont : Whitewood, Broadview et Saint-Luc dont l'église fut construite par le Père J. Libert. Il faut ajouter, à 40 milles de Saint-Hubert, Dumas, où réside un missionnaire qui se charge encore de Kennedy.

Le but des Pères est de réunir les familles catholiques pour les soustraire à l'influence des centres protestants. Les catholiques comprennent d'ailleurs, de plus en plus, l'avantage de ces groupements ; si bien que dans la vaste région qui dépend de Saint-Hubert, leur nombre a plus que quadruplé depuis que les Fils de Marie Immaculée l'évangélisent.

Notre-Dame de Chavagnes.

Le R. P. Jean Thibault fonda, vers le même temps, au Manitoba, la maison de Cartier, appelée Notre-Dame de Chavagnes. Elle eût, hélas ! bien des déboires ! A peine construite, la résidence fut entièrement détruite par un incendie. Promptement rebâtie par le Père Ch. Lorieau, elle abrita

un groupe de missionnaires qui semèrent
la parole de Dieu dans le Manitoba et jus-
que dans les Etats-Unis.

En Angleterre.

Avant de rentrer en France, passons par
l'Angleterre et arrêtons-nous dans le Dor-
set, à Shaftesbury. Il y a une vingtaine
d'années, cette petite ville était presqu'entièrement protestante. Les Fils de Marie
Immaculée y ont bâti une jolie église, et
fondé une paroisse qui, à l'heure actuelle,
compte près de cent cinquante catholiques.

Au tombeau du « Bon Père. »

Et maintenant, revenons à Chavagnes,
dans la chapelle des Ursulines de Jésus, et
que notre dernière visite soit pour le tombeau du Père Baudouin. Supplions le Vénérable Fondateur de bénir, du haut du
ciel, les œuvres entreprises par ses Fils
pour la plus grande gloire du Verbe Incarné et de Marie Immaculée !

Vue actuelle de la Communauté des Ursulines de Jésus à Chavagnes.

II

Les Ursulines de Jésus (1)

La marche en avant.

A la mort de la Mère Saint-Benoît, la Congrégation des Ursulines était déjà répandue en Vendée et dans les départements voisins. Lorsque le Vénérable Père disparut à son tour, la famille avait réalisé de nouveaux progrès ; elle avait fondé les établissements de Bourbon-Vendée (La Roche-sur-Yon), de Bellefontaine à Angers, et avait même amorcé son expansion hors de France. Le Père laissa des filles capables de continuer son œuvre, notamment la douce, ferme, prudente Mère Emmanuel, l'ardente et infatigable Mère Saint-Laurent. Sous leur impulsion, l'Institut continua d'une façon régulière sa marche en avant.

Le centenaire.

Brûlons les étapes et arrivons au 2 juillet 1902. Dans la vaste maison qui a rem-

(1) Cette notice sur les œuvres des Ursulines de Jésus nous a été communiquée par la Maison Mère de Chavagnes.

12*.

placé la masure des premiers jours, les Ursulines de Jésus célèbrent leur *centenaire*. L'orateur de la journée, M. l'abbé Simon, vicaire général, comparant les humbles origines de la petite Société au développement atteint par elle au bout d'un siècle, lui applique ces paroles de Bossuet : « Quel état et quel état ! »

En pleine prospérité.

A cette époque, la Congrégation possédait des écoles et des institutions dans le Poitou, l'Aunis, la Saintonge, l'Angoumois, l'Anjou, une partie de la Bretagne ; en dehors de la région, elle en avait fondé à Paris, à Châteauroux, à Limoux, dans différents points de la Provence. Ses pensionnats de La Rochelle, Angoulême, Nantes, Cannes, et beaucoup d'autres avaient acquis un juste renom. A l'étranger, elle avait pris pied en Angleterre et en Espagne où déjà elle exerçait un fécond apostolat.

Sombres lendemains.

Mais les fêtes du centenaire eurent de tristes lendemains... Les funestes lois de

1901 et 1904 atteignirent l'Institut dans ses
œuvres vives ; durement frappé, il réagit
vigoureusement : à l'intérieur, il développa
ses œuvres d'assistance ; à l'étranger, il
s'ouvrit des débouchés nouveaux...

« La sœur qui traite »... à domicile.

Aujourd'hui, dans nos écoles de France,
dans nos maisons d'éducation, on ne voit
plus la religieuse Ursuline de Jésus avec
son bonnet aux longs tuyaux, son cordon
violet et son crucifix d'argent ; mais on la
trouve encore dans les quartiers ouvriers de
certaines de nos villes, on la rencontre parfois sur les chemins vicinaux et dans les
sentiers de nos campagnes. Quelle est cette
petite Sœur que vous croisez sur la route
ou sur le trottoir et qui va, d'un pas dili-
gent, priant Dieu dans son cœur ou égre-
nant son chapelet ? C'est, suivant les loca-
lités, « la Sœur qui soigne — la Sœur qui
traite — la *médecineuse* » ; elle accomplit
une œuvre très chère à la charité du Père
Baudouin : la visite des malades à domicile. Penchée sur toutes les misères, en soi-
gnant les corps, elle n'oublie pas les âmes.

Pour guérir les maux physiques, elle est la meilleure auxiliaire du médecin ; pour guérir, consoler, encourager les âmes, pour les préparer au dernier passage, elle est la meilleure auxiliaire du prêtre.

Dans les hôpitaux.

Dans les établissements hospitaliers, on retrouve, au chevet des malades et des opérés, la religieuse Ursuline de Jésus. Toutes les épaves de l'humanité viennent échouer dans ces asiles : la misère physique y coudoie la misère morale. A côté d'un intellectuel tombé dans le dénûment, on voit un pauvre diable abruti par l'alcoolisme, un socialiste militant, un anticlérical renforcé. Sous la main des Sœurs, ces **vieux** loups se transforment en agneaux : ils réapprennent des prières oubliées depuis le catéchisme, mettent en ordre des comptes de conscience très arriérés, et, quand la dernière heure est venue, ils s'endorment paisibles et réconciliés.

Sainte-Marguerite d'Edimbourg : premier couvent fondé en Ecosse depuis la Réforme.

Enfin, l'habit religieux des Filles du Père Baudouin, on le connaît aussi à

La chapelle du couvent de Sainte-Marguerite
d'Edimbourg.

l'étranger dans de nombreux pays. Dirigeons-nous par la pensée vers la capitale de
l'Ecosse, et frappons à la porte du couvent
Sainte-Marguerite. Cette maison a toute une
histoire et des plus intéressantes. C'était en
1829 ; la hiérarchie catholique n'était pas
rétablie dans la Grande-Bretagne ; les rares
prêtres qui évangélisaient le pays portaient
le titre de missionnaires apostoliques (1).
Or donc, il y avait à Edimbourg un vaillant
missionnaire qui désirait ardemment travailler à la conversion de son pays : c'était
le Révérend Gillis, qui devint plus tard Vicaire apostolique. Au cours d'un voyage en
France, il eut la dévotion de faire une retraite à la Trappe de Bellefontaine. Dans
ces jours de solitude, il songea, devant
Dieu, aux moyens de réaliser ses rêves
d'apostolat. Il se dit que des religieuses enseignantes et hospitalières seraient pour lui
d'un grand secours. Pas un seul couvent
n'existait en Ecosse depuis la Réforme. A
tout prix il faut en établir pour instruire

(1) En 1834, il y avait *quatre* missionnaires à Edimbourg, placés sous l'autorité du Vicaire apostolique.
L'année suivante, l'un d'eux mourut, et ils furent réduits à *trois*.

les catholiques, se concilier les protestants, faire du bien à tous. Pour se procurer des ressources, il parcourra l'Europe s'il le faut ; pour avoir des religieuses il tendra la main à la France. Parmi les retraitants, se trouvait justement Mgr Soyer, évêque de Luçon. Le missionnaire fit part à l'évêque de ses projets.

— « Je n'ai rien à mettre dans votre bourse, dit le prélat en souriant ; mais je vous donnerai de mes religieuses, les Ursulines de Jésus. » Ainsi fut fait. En 1834, une colonie de onze religieuses partit pour l'Ecosse. C'était une œuvre toute désintéressée. Il ne s'agissait pas, en effet, de créer un établissement de la Congrégation, mais bien de fonder un Institut, qui, une fois lancé, devait vivre de sa vie propre en se dévouant à l'éducation de la jeunesse et au soin des malades. Ce fut la première Congrégation établie en Ecosse depuis la Réforme.

Les Ursulines de Jésus prêtèrent leur concours à l'œuvre jusqu'en 1855. A partir de cette époque, la petite société écossaise ne conserva avec Chavagnes que des liens d'amitié ; mais le recrutement était difficile : un jour vint où les Sœurs d'Edimbourg virent bien qu'elles ne pouvaient plus se soutenir par leurs propres moyens ; alors, elles se souvinrent de la Congrégation Mère. Le bon Père, qu'elles avaient toujours aimé, les ramenait au berceau et, depuis 1920, les Ursulines de Jésus ne forment plus qu'une seule et même famille.

Swansea, tout un monde d'enfants.

D'Ecosse, passons en Angleterre et, sans nous arrêter à la Capitale où nous trouverions pourtant des Filles du Père Baudouin, allons tout droit à Swansea, au pays de Galles. C'est dans cette ville que se fixa la première colonie qui partit de Chavagnes pour l'Angleterre en 1860, sous le généralat de la Mère Saint-Hilarion.

Sur une colline — Green-Hill — autrefois située hors de la ville, mais comprise aujourd'hui dans l'agglomération urbaine, s'élève *Saint-Mary's Convent* (Couvent de Sainte-Marie). C'est le siège d'une école gouvernementale (1) qui donne l'instruction primaire à tout un monde d'enfants. Dans une ancienne église, transfor-

(1) Ecole publique.

mée en bâtiment scolaire, sont rassemblées plus de huit cents fillettes. Cette église avait été construite grâce aux aumônes des fidèles, recueillies par la première supérieure, Mère Sainte-Sophie. Dans un autre local est l'école des garçons, qui compte une population de quatre cents élèves. Ces petits étaient autrefois élevés par les religieuses ; aujourd'hui, ils sont instruits par d'excellents instituteurs.

Il faut noter que tous ces enfants sont catholiques ; l'école est *confessionnelle* ; le but primordial de l'œuvre est précisément d'élever la jeunesse appartenant à la « mission », c'est-à-dire à la minorité catholique.

Mais l'instruction de ce peuple d'enfants n'épuise pas toute l'activité des Sœurs. Le samedi et le dimanche, elles vont deux à deux, dans les environs, catéchiser les enfants des villages. Ces bourgades ont de pauvres petites églises de fer ou de bois ; un prêtre y dit la messe tous les quinze jours, et les Sœurs font le catéchisme avant le passage du prêtre, qui trouve ainsi son œuvre d'enseignement très allégée.

Leur zèle ne se borne pas aux catholiques. Sans doute, elles ne font pas de propagande directe auprès des protestants ; mais elles instruisent dans notre sainte religion ceux qui leur sont confiés par les prêtres.

Voilà pour l'œuvre enseignante. Venons aux œuvres d'assistance. Avec l'autorisation du gouvernement, les Sœurs font la visite des hôpitaux, des asiles de vieillards, des prisons. Elles pénètrent encore dans les logis ouvriers pour y porter des secours, soigner les malades, moraliser ces pauvres gens (1).

Collège de Saint-Winefride.

Dans cette même ville de Swansea, la Congrégation possède un établissement d'un tout autre genre : *Saint-Winefride's Convent* (Couvent de Sainte Winefride (2), sis dans le quartier aristocratique, sur la paroisse catholique de Saint-David. C'est un collège de jeunes filles — internat et externat — qui compte en tout deux cents

(1) Qui pourrait compter le nombre des mariages que la seule Mère Marie-Louise a fait régulariser pendant qu'elle était supérieure de *Saint-Mary* !

(2) Nom d'une jeune sainte Galloise.

cinquante élèves. Dans ce pensionnat,
comme dans tous les autres des îles britan-
niques, les Ursulines de Jésus reçoivent des
catholiques et des protestantes. Les premières sont instruites dans notre religion ; on
respecte les croyances des non-catholi-
ques ; mais on fait du bien par le contact,
on donne aux enfants de bonnes habitudes
morales, on dissipe bien des **préjugés, on**
prépare des conversions pour l'avenir.

Une douzaine de maisons outre-Manche.

L'Institut possède une douzaine de maisons outre-Manche, dont trois en Ecosse,
une en Irlande, au Comté de Derry, et les
autres en Angleterre. Elles appartiennent
au même type que celles de Swansea et vivent sous la protection du gouvernement
anglais, plus libéral que le nôtre. **Toutes**
les écoles gouvernementales sont rétribuées
par l'Etat ; on peut même obtenir des sub-
ventions pour les écoles secondaires libres
si l'on remplit les conditions exigées. **Dans**
l'Orphelinat que les Sœurs possèdent à Cly-
dach, le gouvernement ne place que **les**
enfants des catholiques.

Pensionnat des Ursulines de Jésus à Vitoria.

L'œuvre anglaise des Ursulines de Jésus.

L'œuvre anglaise des Ursulines de Jésus consiste donc : 1° à instruire et à catéchiser les enfants de religion catholique appartenant aux différentes classes de la société ; 2° à donner l'instruction religieuse aux protestants qui désirent entrer dans l'Eglise catholique, et, chaque année, les Sœurs ont à enregistrer un nombre consolant d'abjurations ; 3° enfin leur mission consiste à aller au peuple pour le secourir et le moraliser.

Dans le Limbourg hollandais.

Avant de quitter le nord-ouest de l'Europe, arrêtons-nous un instant en Hollande, à Limmel, près Maëstricht. La Congrégation y possède une école primaire, qui compte deux cents élèves environ, et une *école gardienne* (école maternelle) qui réunit de soixante à quatre-vingts fillettes.

En Espagne : collèges de jeunes filles.

Franchissons maintenant les Pyrénées et dirigeons-nous vers Vitoria, dans les Provinces basques. C'est là que fut fondé le premier établissement des Ursulines de Jésus dans la Péninsule en 1882, sous le généralat de la Mère Euphrasie. Dans la Navarre, nous trouvons les Sœurs à **Pamplona** (Pampelune) où jadis saint Ignace reçut la blessure qui occasionna sa conversion ; dans la province de Valence, elles se sont établies à Gandia, petite ville illustrée par saint François de Borgia, troisième général de la Compagnie de Jésus ; au nord-ouest, dans les Asturies, elle ont fondé à Jijon, ville de commerce et d'industrie, et enfin, dans la vieille cité d'Oviedo, située à quelque distance de la célèbre grotte de Covadonga, où se retira Pelayo (Pélage) le héros de l'indépendance espagnole.

Dans chacune de ces villes, la Congrégation possède un collège pour les jeunes filles de la société. Ces établissements sont très appréciés : on y place les enfants pour la langue et la culture françaises. Toute élève des Ursulines parle français ; toute ancienne élève garde aux « Mères » un souvenir affectueux et reconnaissant.

Là, comme ailleurs, les œuvres populaires ne sont pas négligées. D'abord, partout où la chose a été possible, les religieuses ont ouvert une école à côté de leur collège ; puis — c'est là l'origine de leur apostolat — elles forment les jeunes filles du monde à aller au peuple. Citons deux exemples.

L'Ecole du soir.

A Pamplona, elles dirigent un cours d'adultes admirablement organisé : c'est l'*Ecole du soir*, fréquentée par un grand nombre de jeunes filles appartenant à la classe ouvrière. La première demi-heure, chaque jour, est consacrée à l'instruction chrétienne donnée par une religieuse ; pendant le reste du temps, ce sont les anciennes élèves de la maison qui, sous la direction d'une Ursuline, enseignent la lecture, l'écriture, les travaux à l'aiguille. Des Dames patronnesses assument les frais de l'œuvre ; des Dames inspectrices, répandues dans les différents quartiers de la ville, exercent sur les élèves du cours une surveillance discrète. La direction spirituelle de l'œuvre est confiée à un Père rédemptoriste.

La Conférence.

Dans les maisons de Chavagnes, nous trouvons encore une œuvre différente de la

première, mais d'inspiration analogue.
C'est la *Conférence* établie plus ou moins
sur le modèle des Conférences de Saint-
Vincent de Paul. Une fois la semaine, les
anciennes élèves se réunissent au collège
où elles passent la soirée à travailler pour
les pauvres. Chaque *ancienne* prend sous
sa tutelle une petite fille dont elle s'occupe

Villa du Sacré-Cœur, San Fidele d'Albenga.

et qu'elle reçoit dans sa propre maison pour
lui enseigner le catéchisme. C'est l'œuvre
qui fournit aux enfants assistées leur toi-

lette de première communion. Chaque con-
férencière conduit par la main sa petite pro-
tégée à la Sainte Table, et toutes deux reçoivent côte à côte la divine Eucharistie, qui
est vraiment alors le sacrement de l'Union.

En Italie.

Dans ce voyage à travers les fondations
des Ursulines de Jésus, faisons une petite
halte en Italie. Sur le Golfe de Gênes, à San
Fidele d'Albenga, s'élève, dans un site mer-
veilleux la *Villa du Sacré-Cœur*, adossée à
la montagne, face à la mer. Là encore, les
Filles du Père Baudouin ont ouvert un pensionnat de jeunes filles. La maison est un
centre pour l'Apostolat de la prière et l'œuvre des Tabernacles.

Au Canada.

Pour achever notre visite aux maisons
issues de Chavagnes, il faut nous transporter en Amérique. Quand nous aurons atteint
Montréal, nous prendrons le *Canadian na-
tional*, et après trois jours et trois nuits,
nous arriverons à Edmonton (Alberta) ville
récente, mais qui s'accroît avec une éton-

nante rapidité. Les Ursulines de Jésus y arrivèrent en septembre 1911, conduites par la Mère Céline Marie, qui mourut à la peine moins de **sept** ans plus tard à Waterville, (Etats-Unis). L'école d'*Ehn-Park* commença avec vingt-quatre élèves dans **la** cuisine du presbytère ; elle occupa successivement plusieurs locaux de fortune ; **on** dut attendre jusqu'en 1913 pour avoir **une** maison convenable. Aujourd'hui, la Congrégation possède dans la ville deux **établissements, dont la population scolaire s'élève au total de trois cents enfants environ.

Là encore, nous sommes en pays **anglais** et le but de l'œuvre est de faire l'éducation des enfants appartenant à la minorité catholique qui est généralement de souche irlandaise, comme dans l'Angleterre elle-même. Des éléments Canadiens-français s'y mêlent dans une certaine proportion. Cette œuvre est loin d'avoir atteint son développement normal. Les religieuses n'ont pas encore de pensionnat distinct, mais elles reçoivent des pensionnaires qui suivent les cours de l'école et prennent des leçons supplémentaires.

Outre le bien fait aux catholiques, la mission amènera sans doute des conversions de protestants ; mais pour cela, il faut une longue préparation.

Quant aux œuvres d'assistance, elles se développeront, Dieu aidant. Durant l'épidémie de grippe qui a sévi en 1918, les sœurs ont déjà montré ce qu'on peut attendre de **leur** dévouement.

Ces établissements auront un très bel avenir si toutefois l'Institut peut y recruter des sujets indigènes. Un noviciat est ouvert à' South-side ; puisse le Vénérable Père y envoyer des âmes de bonne volonté !

La moisson est grande !

En effet, il faut des bras pour soutenir ces œuvres et tant d'autres qui ne demanderaient qu'à éclore. « La moisson est grande, mais il y a peu d'ouvriers »... et d'ouvrières. Que le Maître de la moisson daigne en susciter beaucoup dans les deux familles spirituelles du Vénérable Père Baudouin !

TABLE DES MATIÈRES

CHAPITRE VI

L'ami des Enfants

CHAPITRE VII

Un Séminaire à Chavagnes !

CHAPITRE VIII

Le Grand Séminaire de La Rochelle

CHAPITRE IX

En Vendée !

CHAPITRE X

Premiers rayons de gloire

CHAPITRE XI

Chavagnes et le V. P. Baudouin

Luçon. — Imp. S. Pacteau.